KB106375

국어 실력으로 이어지는 수(秀) 한자

2급 상

국어 실력으로 이어지는 수(秀) 한자: 2급 상

발행일	2019년 7월 30일		
지은이	최동석		
펴낸이	손형국		
펴낸곳	(주)북랩		
편집인	선일영	**편집**	오경진, 강대건, 최승헌, 최예은, 김경무
디자인	이현수, 김민하, 한수희, 김윤주, 허지혜	**제작**	박기성, 황동현, 구성우, 장홍석
마케팅	김회란, 박진관, 조하라, 장은별		

출판등록 2004. 12. 1(제2012-000051호)
주소 서울시 금천구 가산디지털 1로 168, 우림라이온스밸리 B동 B113, 114호
홈페이지 www.book.co.kr
전화번호 (02) 2026-5777   **팩스** (02) 2026-5747

ISBN 979-11-6299-631-7 04710 (종이책)   979-11-6299-632-4 05710 (전자책)
979-11-6299-611-9 04710 (세트)

이 도서의 국립중앙도서관 출판예정도서목록(CIP)은 서지정보유통지원시스템 홈페이지(http://seoji.nl.go.kr)와
국가자료공동목록시스템(http://www.nl.go.kr/kolisnet)에서 이용하실 수 있습니다.
(CIP제어번호: CIP2019029609)

(주)북랩 성공출판의 파트너
북랩 홈페이지와 패밀리 사이트에서 다양한 출판 솔루션을 만나 보세요!
홈페이지 book.co.kr   • **블로그** blog.naver.com/essaybook   • **원고모집** book@book.co.kr

국어 실력으로
이어지는

秀 수
한자

최동석 지음

2급·上

북랩 book Lab

머리말

한자는 비단 한문을 잘 이해하기 위해서 익혀야 하는 글자가 아니다. 국어 어휘의 상당수가 한자어로 되어있는 현실을 직시한다면, 국어를 바르게 사용하기 위한 필수 과정이 한자를 익히는 과정이라 할 수 있다.

'약의 부작용'이라고 할 때 한글로만 적으면 정확한 의미가 와닿지 않아 '약의 잘못된 작용'으로 이해하기 쉽다. 하지만 '藥의 副作用'이라고 쓰면 '副(부)'자가 버금, 딸림의 의미로 금방 와닿아 약의 主作用(주작용) 외에 여러 부수적인 작용이라고 정확히 파악할 수 있다. 비아그라가 원래는 고혈압 치료제로 개발되었으나 副作用으로 발기부전치료제로 쓰이듯이 말이다.

또한 한자의 정확한 이해는 국어 생활을 더욱 풍부하게 해준다. 소식이라고 쓰면 단순히 적게 먹는 것으로 이해하기 쉬우나, 한자로 素食(소식)이라고 쓰면, '간소하게 먹는다'는 뜻으로도 쓸 수 있다. 이와 같이 한자의 사용은 국어 어휘 구사력을 높여 주어, 결국 국어에 대한 전반적인 능력을 업그레이드시킬 수 있게 해준다.

한국 사람이 사전 없이 책을 읽을 수 있는 것은 한자에 힘입은 바가 크다. 부자라는 단어만 알아도 부국, 부강, 부유 등의 어휘도 그 뜻을 유추할 수 있다. 전제 조건은 '富'가 '부유하다'는 의미라는 것을 알고 있느냐는 것이다. 그런데 만일 '부'의 의미를 정확히 모르면 그 외의 단어들도 그 의미를 잘못 파악하기 쉽다.

그렇다면 어떻게 한자를 익혀야 하는가?

한자는 부수 요소와 부수 외 요소가 있고, 부수별로 분류하여 외우는 것이 단순히 가나다의 순서로 외우는 것보다 훨씬 체계적이고 이해도 빠르다. 또한 한자만의 독특한 제자원리가 있으니 象形(상형), 指事(지사), 會意(회의), 形聲(형성), 假借(가차), 轉注(전주)가 바로 그것이다.

1. 象形(상형)

사물의 모양[形(형)]을 있는 그대로 본떠서 한자를 만드는 방법이다.

예: 土(토), 山(산) 등

2. 指事(지사)

숫자나 위치, 동작 등과 같의 구체적인 모양이 없는 것을 그림이나 부호 등을 이용해 구체화시켜 한자를 만드는 방법이다.

예: 上(상), 下(하)

3. 會意(회의)

이미 만들어진 글자들에서 뜻과 뜻을 합해 새로운 뜻의 글자를 만드는 방법이다.

예: 男(남) = 田(전) + 力(력) → '男子(남자)는 밭[田]에서 힘[力]을 써서 일하는 사람'이라는 뜻이다.

4. 形聲(형성)

새로운 뜻의 글자를 만들기 위해서 이미 만들어진 글자를 이용하는 방법이다. 회의가 뜻과 뜻을 합하여 새로운 글자를 만들어 내는 방법임에 비해, 형성은 한 글자에서는 소리를 따오고 다른 글자에서는 모양을 따다가 그 모양에서 뜻을 찾아 새로운 뜻의 글자를 만드는 방법이다.

예: 江(강) : 氵[물] + 工(공)

江(하) : 氵[물] + 可(가)

5. 假借(가차)

이미 만들어진 한자에 모양이나 소리나 뜻을 빌려 새로 찾아낸 뜻을 대입해서 사용하는 방법이다.

예: 弗 1) 아니다, 2) 달러

佛 1) 어그러지다, 2) 부처

6. 轉注(전주)

모양이 다르고 뜻이 같은 두 개 이상의 글자가 서로 자음이 같거나, 모음이 같거나 혹은 자음과 모음이 같은 관계 때문에 그 글자들 사이에 아무런 구별 없이 서로 섞어 사용하는 방법을 말한다.

예: 老(로), 考(고)

본 교재는 위의 원리에 입각해서 저술되었다. 다만 한 글자의 제자원리에 대한 설이 여럿인 경우가 있다. 이런 경우 기억을 위해 편리한 설을 따랐다. 또한 너무 깊이 들어가서 '한자학습서'가 아닌 '한자연구서'가 되지 않도록 어려운 내용은 과감히 생략하였다.

현재 시중에 한자 학습서로 나와 있는 교재 중에 한자를 상세히 풀이하여 놓은 책이 많이 있다. 하지만 대다수가 자의적인 해설을 달아놓은 것이다.

본 교재는 정직하게 쓰려고 하였다. 아는 만큼 연구한 만큼만 쓰려고 하였고, 그럼에도 불구하고 역량의 부족함을 느낀 적도 많았음을 고백한다. 하지만 이제 정직한 한자 교재가 하나쯤 있어야 한다는 당위성에 위로를 받으며 집필을 마치고자 한다.

끝으로 각종 한자 시험에 응시하려는 이들은, 각 시험의 특징, 선정 한자의 出入(출입) 등을 파악하고 대비하기 위해서 본 교재를 학습한 후 반드시 문제집을 풀어 볼 것을 당부드린다.

2019년 7월

根巖 崔東石

목차

상

제1장

동물 관련 부수

제4장

사람 관련 부수-손

제5장

사람 관련 부수-입

제6장

사람 관련 부수-신체 일부

목차

하

제13장

숫자와 필획 관련 부수

필순의 원칙

1. 왼쪽부터 오른쪽으로 쓴다.
예 外(외)　ノ　ク　タ　列　外

2. 위에서 아래로 쓴다.
예 客(객)　丶　丷　宀　宀　岁　安　客　客

3. 가로획과 세로획이 교차될 때는 가로획을 먼저 쓴다.
예 木(목)　一　十　才　木

4. 좌·우 대칭을 이루는 글자는 가운데를 먼저 쓰고 좌·우의 순서로 쓴다.
예 水(수)　亅　冫　才　水

5. 몸과 안으로 된 글자는 몸부터 쓴다.
예 內(내)　丨　冂　冈　內

6. 가운데를 꿰뚫는 획은 맨 나중에 쓴다.
예 手(수)　亅　冫　才　水

7. 허리를 끊는 획은 맨 나중에 쓴다.
예 母(모)　乚　乜　乜　母　母

8. 삐침(ノ)과 파임(㇏)이 만날 때는 삐침을 먼저 쓴다.
예 父(부)　ノ　八　ゲ　父

9. 오른쪽 위의 점은 맨 나중에 찍는다.
예 成(성)　丿　厂　厂　厈　成　成　成

10. 받침으로 쓰이는 글자는 다음 두 가지로 구분한다.
　* 달릴 주(走)나 면할 면(免)은 먼저 쓴다.
　예 起(기)　一　十　土　耂　耂　赱　走　赴　起　起

　* 뛸 착, 갈 착(辶)이나 길게 걸을 인(廴)은 맨 나중에 쓴다.
　예 道(도)　丷　ﾂ　ﾂ　产　首　首　首　首　渞　渞　渞　道

제1장
동물 관련 부수

001

牛 소 우

소의 머리를 표현한 글자이다.
소는 사람에게 가장 중요한 가축이기 때문에 牛자 부수에 속하는 한
자는 소뿐 아니라 여러 가축과 관련된 뜻을 지니기도 한다.

2급

01-001

牽 끌 견

획수: 11 부수: 牛   >>> 형성문자
牛 + 玄(현) (→ 玄의 전음이 음을 나타냄)

牽强附會(견강부회) 가당찮은 말을 억지로 끌어 붙여 꿰어 맞춤
牽引(견인) 끌어당김
牽制(견제) 지나치게 세력을 펴거나 자유행동을 하는 것을 막고 억누름

01-002

牟 소우는 소리 모

획수: 6 부수: 牛   >>> 회의문자
牛 + 厶 (→ 소뚜레의 상형)

牟麥(모맥) 밀보리

01-003

牡 수컷 모

획수: 7 부수: 牛   >>> 회의문자
牛 + 土 (→ 수컷의 성기)

牡牛(모우) 수소

01-004 犧 희생 **희** (→ 犠는 약자)

획수: 20 부수: 牛 >>> 형성문자

牛 + 義(희)

犧牲(희생)
❶ 제물로 쓰는 소, 양, 돼지 따위의 짐승
❷ 자기의 목숨, 재산 따위를 남을 위하여 바치거나 버림

3, 4급

01-005 牧 칠 **목**

획수: 8 부수: 牛 >>> 회의문자

牛 + 攵[칠 복] (→ '소를 치다' 의 뜻이다)

牧童(목동) / **牧民**(목민)
牧師(목사) / **牧畜**(목축)
放牧(방목) / **遊牧**(유목)

01-006 特 특별할 **특**

획수: 10 부수: 牛 >>> 형성문자

牛 + 寺(사) (→ 寺의 전음이 음을 나타냄)

特權(특권) / **特技**(특기)
特別(특별) / **特徵**(특징)
獨特(독특) / **英特**(영특)

002

犬 개 견   犭 개사슴록변

개를 표현한 글자이다.
犬 자가 글자의 왼쪽에 덧붙여질 때는 犭의 형태로 바뀌는데 이는 '개사
슴록변'이라 한다. 犬(犭)자 부수에 속하는 한자는 일반적으로 늑대와
비슷한 짐승의 명칭이나 성질과 관련된 뜻을 지닌다.

2급

01-009

狂 미칠 **광**

획수: **7** 부수: **犬**   >>> 형성문자

犭 + 王 (→ 呈(황)의 생략형의 전음이 음을 나타냄)

狂奔(광분) 미쳐 날뜀
狂信(광신) 종교나 사상 등에 미치다시피 덮어놓고 믿음
狂暴(광포) 미치광이처럼 행동이 사납고 난폭함
狂風(광풍) 사납게 부는 바람
發狂(발광) ❶ 병으로 미친 증세가 일어남
            ❷ 미친 듯이 날뜀
熱狂(열광) 흥분해 미친 듯이 날뜀

01-010

狡 간교할 **교**

획수: **9** 부수: **犬**   >>> 형성문자

犭 + 交(교)

狡猾(교활) 간사하고 꾀가 많음

01-011

狗 개 **구**

획수: **8** 부수: **犬**   >>> 형성문자

犭 + 句(구)

黃狗(황구) 털빛이 누른 개

01-012 獵 사냥할 렵

획수: **18** 부수: **犬**　　　　　　　　　　　>>> 형성문자

犭 + 巤(렵)

獵銃(엽총) 사냥에 쓰는 총
密獵(밀렵) 허가를 받지 않고 몰래 사냥함 또는 그런 사냥
涉獵(섭렵) ❶ 물을 건너고 짐승을 사냥함
　　　　　　❷ 여러 책을 두루 읽음
狩獵(수렵) 사냥. 사냥함

01-013 猛 사나울 맹

획수: **11** 부수: **犬**　　　　　　　　　　　>>> 형성문자

犭 + 孟(맹)

猛禽(맹금) 육식을 하는 성질이 사나운 날짐승
猛毒(맹독) 독성이 강한 독
猛烈(맹렬) 기세가 사납고 세참
猛獸(맹수) 사나운 짐승
猛威(맹위) 맹렬한 위세
勇猛(용맹) 용감하고 사나움

01-014 獸 짐승 수

획수: **19** 부수: **犬**　　　　　　　　　　　>>> 회의문자

嘼[가축] + 犬[개 견]

獸醫(수의) 가축의 질병 치료를 전공으로 하는 의사
禽獸(금수) 날짐승과 길짐승. 모든 짐승

01-015 獄 옥 옥

획수: **14** 부수: **犬**　　　　　　　　　　　>>> 회의문자

犭 + 言 + 犬[개 견] (→두 마리의 개가 지킨다는 뜻)

獄苦(옥고) 옥살이하는 고생
獄死(옥사) 옥살이를 하다가 감옥에서 죽음. 牢死(뇌사)
監獄(감옥) '교도소(矯導所)'의 구칭
地獄(지옥) 이승에서 죄를 지은 사람이 죽은 후 무서운 벌을 받는다는 곳
投獄(투옥) 감옥에 가둠

01-016 **獻** 드릴 **헌**

획수: **20** 부수: **犬**   >>> 형성문자

犬 + 鬳(헌)

獻金(헌금) 돈을 바침, 또는 그 돈
獻納(헌납) 금품을 바침
獻身(헌신) 몸과 마음을 바쳐 있는 힘을 다함
獻血(헌혈) 자기의 피를 바침
貢獻(공헌) ❶ 지난날, 貢物(공물)을 나라에 바치던 일
        ❷ 이바지함. 기여함
文獻(문헌) ❶ 책과 어진 사람. 옛날의 문물제도를 알 수 있는 典據(전거)가
        되는 것
        ❷ 학술 연구에 자료가 되는 문서

01-017 **狹** 좁을 **협**

획수: **10** 부수: **犬**   >>> 형성문자

犭 + 夾(협)

狹小(협소) 좁고 작음. 아주 좁음
狹義(협의) 좁은 범위의 뜻
偏狹(편협) ❶ 장소가 비좁음
        ❷ 편벽되고 도량이 좁음

01-018 **獲** 얻을 **획**

획수: **17** 부수: **犬**   >>> 형성문자

犭 + 蒦

獲得(획득) 얻어 가짐
鹵獲(노획) 싸움터에서, 적의 병기나 군용품 따위를 빼앗음
漁獲(어획) 물고기, 조개, 바닷말 등을 잡거나 땀
捕獲(포획) ❶ 짐승이나 물고기를 잡음
　　　　❷ 敵兵(적병)을 사로잡음

3, 4급

01-019 犯 범할 **범**

획수: **5** 부수: **犬**　　　　　　　　　　　>>> 형성문자

犭 + 㔾(절) (→㔾의 전음이 음을 나타냄)

犯法(범법) / 犯罪(범죄) / 犯行(범행) / 輕犯(경범) / 共犯(공범) / 防犯(방범)

01-020 猶 오히려 **유**

획수: **12** 부수: **犬**　　　　　　　　　　　>>> 형성문자

犭 + 酋(추) (→酋의 전음이 음을 나타냄)

猶豫(유예) / 過猶不及(과유불급)

01-021 狀 문서 **장**¹ / 형상 **상**²

획수: **8** 부수: **犬**　　　　　　　　　　　>>> 형성문자

犬 + 爿(장)

狀態(상태) / 狀況(상황) / 賞狀(상장) / 令狀(영장)

01-022 獨 홀로 **독**

획수: **16** 부수: **犬**　　　　　　　　　　　>>> 형성문자

犭 +蜀(촉) (→ 蜀의 전음이 음을 나타냄)

獨立(독립) / 獨不將軍(독불장군) / 獨裁(독재) / 獨創(독창) / 孤獨(고독)

23

003 羊 양 양

뿔이 아래로 굽은 양의 머리를 표현한 글자이다.
羊자 부수에 속하는 한자는 일반적으로 양과 관련된 뜻을 지닌다.
또한 羊자는 많은 글자에 덧붙여져 음의 역할을 하기도 한다.

2급

01-024 羞 부끄러워할 **수**
획수: **11** 부수: **羊**　　　　　　　　　　　>>> 회의문자
羊 + 又[손]

羞惡之心(수오지심) 四端(사단)의 하나로, 자기의 不善(불선)을 부끄러워하고
　　　　　　　남의 불선을 미워하는 마음
羞恥(수치) 부끄러움

3, 4급

01-025 群 무리 **군**
획수: **13** 부수: **羊**　　　　　　　　　　　>>> 형성문자
羊 + 君(군)

群鷄一鶴(군계일학) / 群島(군도) / 群小(군소) / 群雄割據(군웅할거) /
群衆(군중) / 拔群(발군)

01-026 義 옳을 **의**
획수: **13** 부수: **羊**　　　　　　　　　　　>>> 회의문자
羊 + 我

義理(의리) / 義務(의무) / 義士(의사) / 義捐(의연) / 廣義(광의) / 信義(신의)

004

虫 벌레 훼, 벌레 충

뱀을 표현한 글자이다.
虫자 부수에 속하는 한자는 작은 동물, 개구리와 같은 양서류, 조개와 같은 패류와도 관련이 있다.

2급

01-029 蠻 오랑캐 만

획수: **25** 부수: **虫**   >>> 형성문자

虫 + 䜌(련) (→ 䜌의 전음이 음을 나타냄)

蠻勇(만용) 함부로 날뛰는 용기
蠻行(만행) 야만적인 행위
野蠻(야만) 문화가 미개한 상태

01-030 蜜 꿀 밀

획수: **14** 부수: **虫**   >>> 형성문자

虫 + 宓(밀)

蜜柑(밀감) 귤. 귤나무
密語(밀어) 달콤한 말. 특히, 남녀 간의 情談(정담)
蜜月(밀월) 영어 '허니문'의 意譯(의역). 결혼 후 한두 달동안의 즐겁고 달콤한
         기간

01-031 蜂 벌 봉

획수: **13** 부수: **虫**   >>> 형성문자

虫 + 夆(봉)

蜂起(봉기) 벌 떼처럼 일어남. '많은 사람들이 한꺼번에 들고 일어남'을 이름
養蜂(양봉) 꿀벌을 치는 일

01-032 **蛇** 뱀 사¹ / 구불구불갈 이²
획수: **11** 부수: **虫**   >>> 형성문자
虫 + 它(타) (→ 它의 전음이 음을 나타냄)

蛇足(사족) 뱀의 발. 쓸데없는 일을 덧붙여 하다가 도리어 일을 그르침을 이름
毒蛇(독사) 독기가 있는 뱀
長蛇陣(장사진) ❶ 많은 사람이 줄을 지어 길게 늘어서 있는 모양
             ❷ 한 줄로 길게 벌여 서는 陣法(진법)

01-033 **融** 녹을 융
획수: **16** 부수: **虫**   >>> 형성문자
鬲 + 蟲(충) (→ 蟲의 생략형 虫의 전음이 음을 나타냄)

融資(융자) 자금을 융통함, 또는 융자한 자금
融通(융통) ❶ 거침없이 통함
         ❷ 필요한 물건이나 돈을 돌려 씀
融合(융합) 여럿이 녹아서 하나로 합침
融解(융해) ❶ 녹음
         ❷ 고체에 열을 가했을 때 액체로 되는 현상
融和(융화) 서로 어울러서 和睦(화목)하게 됨
金融(금융) 돈의 융통

01-034 **蠶** 누에 잠
획수: **24** 부수: **虫**   >>> 형성문자
虫 + 朁(잠)

蠶食(잠식) 누에가 뽕잎을 갉아 먹듯이, 남의 것을 차츰차츰 먹어 들어가거
         나 침식하는 일
養蠶(양잠) 누에를 기름

국어 실력으로 이어지는 수(秀) 한자: 2급 상

01-035 **蝶** 나비 접
획수: **15** 부수: **虫**　　　　　　　　　　>>> 형성문자
虫 + 葉(엽) (→ 葉의 전음이 음을 나타냄)

蝶夢(접몽) 나비가 된 꿈. '物我一體(물아일체)의 경지'를 이름. 莊周之夢(장주지몽). 胡蝶夢(호접몽)

01-036 **蜀** 나라이름 촉
획수: **13** 부수: **虫**　　　　　　　　　　>>> 회의문자
나비애벌레의 상형 + 虫

蜀魂(촉혼) 촉나라의 넋, '소쩍새'를 이름. 蜀魄(촉백). 촉나라 望帝(망제)가 죽은 뒤 혼백이 변하여 소쩍새가 되었다는 전설에서 나온 말

01-037 **螢** 개똥벌레 형
획수: **16** 부수: **虫**　　　　　　　　　　>>> 형성문자
虫 + 螢(형) (→ 螢의 생략형 熒이 음을 나타냄)

螢光(형광) ❶ 반딧불
❷ 물체가 빛을 받았을 때, 받은 빛과 전혀 다른 그 물체의 고유한 빛을 내는 현상
螢雪之功(형설지공) 고생하면서도 꾸준히 학문을 닦은 보람

`3, 4급`

01-038 **蟲** 벌레 충
획수: **18** 부수: **虫**　　　　　　　　　　>>> 회의문자
虫을 셋 겹쳐 벌레를 나타냄

蟲齒(충치) / **昆蟲**(곤충) / **幼蟲**(유충) / **害蟲**(해충)

005 豕 돼지 시

돼지를 표현한 글자이다.

2급

01-039 **豫** 미리 예

획수: **16** 부수: **豕**   >>> 형성문자

象 +予(여) (→ 予의 전음이 음을 나타냄)

豫告(예고) 미리 알림
豫防(예방) 미리 막음
豫備(예비) 미리 준비함
豫想(예상) 미리 어림잡아 생각함
豫言(예언) 앞일을 미리 말함
豫定(예정) 미리 정함

01-040 **豪** 뛰어날 호

획수: **14** 부수: **豕**   >>> 형성문자

高(고)의 생략형의 전음이 음을 나타냄

豪傑(호걸) 재주와 슬기가 뛰어나고 도량과 기개가 있는 사람
豪奢(호사) 지나치게 사치함
豪雨(호우) 줄기차게 퍼붓는 비
豪華(호화) 사치스럽고 화려함
文豪(문호) 매우 뛰어난 작가
富豪(부호) 재산이 많고 세력이 있는 사람

01-041

豚 돼지 돈¹ / 지척거릴 돈²

획수: **11** 부수: **豕**   >>> 회의문자

豕 + 月[고기 육]

豚肉(돈육) / **養豚**(양돈)

01-042

象 코끼리 상

획수: **12** 부수: **豕**   >>> 상형문자

象牙(상아) / **象徵**(상징) / **象形**(상형) / **萬象**(만상) / **現象**(현상) / **形象**(형상)

006

豸 발없는 벌레 **치**

큰 입이 있는 머리와 길게 늘어진 등, 그리고 다리와 꼬리가 있는 짐승을 표현한 글자이다.

豸자는 주로 육식을 하는 날쌘 동물을 나타내는 한자의 부수로 쓰인다.

2급

01-043

貌 모양 모

획수: **14** 부수: 豸　　　　　　　　　　　　　　　　>>> 형성문자

豸 + 皃(모)

貌樣(모양) 됨됨이. 생김새
美貌(미모) 아름다운 얼굴 모습
容貌(용모) 사람의 얼굴 모양
風貌(풍모) 풍채와 용모

01-043

豹 표범 표

획수: **10** 부수: 豸　　　　　　　　　　　　　　　　>>> 형성문자

豸 + 勺(작) (→ 勺의 전음이 음을 나타냄)

豹皮(표피) 표범의 털가죽

007

貝 조개 패

조개를 표현한 글자이다
貝자 부수에 속하는 한자는 일반적으로 돈이나 값진 물건과 관계된 뜻
을 지닌다.

2급

01-044

賈 살 고¹ / 값 가²

획수: **13** 부수: **貝**   >>> 형성문자

貝 + 亞(아) (→ 亞의 전음이 음을 나타냄)

賈怨(고원) 원망을 삼
商賈(상고) 장사하는 사람. 장수

01-045

購 살 구

획수: **17** 부수: **貝**   >>> 형성문자

貝 + 冓(구)

購讀(구독) 서적, 신문, 잡지 등을 사서 읽음
購買(구매) 물건을 삼. 購入(구입)

01-046

賂 뇌물 뢰

획수: **13** 부수: **貝**   >>> 형성문자

貝 + 各(각) (→ 各의 전음이 음을 나타냄)

賂物(뇌물) 職權(직권)을 이용하여 특별한 편의를 보아 달라는 뜻으로 주는
　　　　부정한 金品(금품)
受賂(수뢰) 뇌물을 받음. 收賄(수회)

01-047 賴 의뢰할 **뢰**

획수: **16** 부수: **貝** >>> 형성문자

貝 + 剌(랄) (→ 剌의 전음이 음을 나타냄)

無賴漢(무뢰한) 일정한 직업 없이 돌아다니며 못된 짓을 하는 남자
信賴(신뢰) 믿고 의지함
依賴(의뢰) ❶ 남에게 의지함
　　　　　 ❷ 남에게 부탁함

01-048 賠 물어줄 **배**

획수: **15** 부수: **貝** >>> 형성문자

貝 + 咅(부) (→ 咅의 전음이 음을 나타냄)

賠償(배상) 남에게 끼친 손해를 물어 줌

01-049 賦 구실 **부**

획수: **15** 부수: **貝** >>> 형성문자

貝 + 武(무) (→武의 전음이 음을 나타냄)

賦課(부과) 세금 따위를 구체적으로 결정하여 매기는 일
賦與(부여) 나누어 줌
賦役(부역) 국가나 공공 단체가 국민에게 의무적으로 지우는 노역
天賦(천부) 하늘이 줌. 선천적으로 타고남
割賦(할부) 여러 번으로 나누어 냄

01-050 賻 부의 **부**

획수: **17** 부수: **貝** >>> 형성문자

貝 + 尃(부)

賻儀(부의) 초상집에 扶助(부조)로 보내는 돈이나 물건
賻助(부조) 喪家(상가)에 물품을 보내어 도와줌

01-051　賓 손 빈

획수: **14**　부수: **貝**　　　　　　　　>>> 회의문자

宀 + 丏 +貝

賓客(빈객) 귀한 손. 손님
貴賓(귀빈) 신분이 높은 손님
來賓(내빈) 초대를 받아 온 손님

01-052　賜 줄 사

획수: **15**　부수: **貝**　　　　　　　　>>> 형성문자

貝 + 易(이) (→ 易의 전음이 음을 나타냄)

賜藥(사약) 임금이 독약을 내려 죽게 함, 또는 그 약
膳賜(선사) 남에게 好意(호의)로 물품 따위를 줌
下賜(하사) 왕이나 국가 원수 등이 아랫사람에게 금품을 줌

01-053　貰 세낼 세

획수: **12**　부수: **貝**　　　　　　　　>>> 형성문자

貝 + 世(세)

傳貰(전세) 일정한 돈을 부동산의 소유자에게 맡기고 어느 기간까지 그 부동
　　　　산을 빌려 쓰는 일

01-054　貳 두 이

획수: **12**　부수: **貝**　　　　　　　　>>> 회의문자

貝 + 弍

貳臣(이신) 절개를 지키지 않고 두 임금을 섬긴 신하
貳心(이심) 두 마음. 不忠(불충)한 마음

01-055 賃 품팔 **임**

획수: **13** 부수: **貝**　　　　　　　　　　　　　　>>> 형성문자

貝 + 任(임)

賃金(임금) 노동에 대한 보수. 품삯
賃貸(임대) 삯을 받고 빌려 줌
賃借(임차) 삯을 내고 빌려 씀
無賃(무임) 삯돈을 내지 않음
運賃(운임) 운반, 운송한 보수로 받거나 무는 삯

01-056 贈 줄 **증**

획수: **19** 부수: **貝**　　　　　　　　　　　　　　>>> 형성문자

貝 + 曾(증)

贈與(증여) ❶ 선물로 줌
　　　　　　 ❷ 재산을 무상으로 남에게 물려주는 행위
贈呈(증정) 남에게 물건을 줌
寄贈(기증) 물건을 선물로 보냄

01-057 貪 탐할 **탐**

획수: **11** 부수: **貝**　　　　　　　　　　　　　　>>> 형성문자

貝 + 今(금) (→ 今의 전음이 음을 나타냄)

貪官汚吏(탐관오리) 재물을 탐내는 관리와 청렴하지 못한 벼슬아치
貪慾(탐욕) 탐내는 욕심
小貪大失(소탐대실) 작은 것을 탐내다가 큰 것을 잃음
食貪(식탐) 음식을 욕심내어 탐냄

01-058 賄 뇌물 **회**

획수: **13** 부수: **貝**　　　　　　　　　　　　　　>>> 형성문자

貝 + 有(유) (→ 有의 전음이 음을 나타냄)

국어 실력으로 이어지는 수(秀) 한자: 2급 상

收賄(수회) 賂物(뇌물)을 받음. 受賂(수뢰)
贈賄(증회) 뇌물을 줌

3, 4급

01-059

貢 바칠 공
획수: **10** 부수: **貝**   >>> 형성문자
貝 + 工(공)

貢物(공물) / 貢獻(공헌) / 朝貢(조공)

01-059

貫 꿸 관
획수: **11** 부수: **貝**   >>> 회의문자
貝 + 母

貫祿(관록) / 貫徹(관철) / 貫通(관통) / 一貫(일관) / 一以貫之(일이관지)

01-060

貸 빌릴 대
획수: **12** 부수: **貝**   >>> 형성문자
貝 + 代(대)

貸付(대부) / 貸與(대여) / 貸出(대출) / 寬貸(관대) / 賃貸(임대)

01-061

貿 장사할 무
획수: **12** 부수: **貝**   >>> 형성문자
貝 + 卯 (→ 卯의 전음이 음을 나타냄)

貿易(무역)

01-062

負 질 부
획수: **9** 부수: **貝**   >>> 회의문자

貝 + 人

負擔(부담) / 負債(부채) / 勝負(승부) / 抱負(포부)

01-063 費 쓸 비
획수: **12** 부수: **貝** >>> 형성문자
貝 + 弗(불) (→ 弗의 전음이 음을 나타냄)

費用(비용) / 經費(경비) / 浪費(낭비) / 消費(소비) / 旅費(여비) / 虛費(허비)

01-064 資 재물 자
획수: **13** 부수: **貝** >>> 형성문자
貝 + 次(차) (→ 次의 전음이 음을 나타냄)

資格(자격) / 資金(자금) / 資本(자본) / 資源(자원) / 物資(물자) / 投資(투자)

01-065 賊 도둑 적
획수: **13** 부수: **貝** >>> 형성문자
戈[창] + 則(칙) (→ 則의 전음이 음을 나타냄)

賊反荷杖(적반하장) / 盜賊(도적)

01-066 貞 곧을 정
획수: **9** 부수: **貝** >>> 회의문자
卜[점] + 貝

貞潔(정결) / 貞淑(정숙) / 貞節(정절) / 貞操(정조)

01-067 贊 도울 찬
획수: **19** 부수: **貝** >>> 형성문자
貝 + 兟(신) (→ 兟의 전음이 음을 나타냄)

국어 실력으로 이어지는 수(秀) 한자: 2급 상

贊同(찬동) / 贊反(찬반) / 贊成(찬성) / 贊助(찬조) / 協贊(협찬)

01-068 賤 천할 **천**

획수: **15** 부수: **貝**　　　　　　　　>>> 형성문자

貝 + 戔(전) (→ 戔의 전음이 음을 나타냄)

賤待(천대) / 賤民(천민) / 賤視(천시) / 微賤(미천) / 卑賤(비천) / 至賤(지천)

01-069 販 팔 **판**

획수: **11** 부수: **貝**　　　　　　　　>>> 형성문자

貝 + 反(반) (→ 反의 전음이 음을 나타냄)

販路(판로) / 販賣(판매) / 市販(시판) / 外販(외판) / 總販(총판)

01-070 賀 하례할 **하**

획수: **12** 부수: **貝**　　　　　　　　>>> 형성문자

貝 + 加(가) (→ 加의 전음이 음을 나타냄)

賀客(하객) / 賀禮(하례) / 祝賀(축하)

01-071 賢 어질 **현**

획수: **15** 부수: **貝**　　　　　　　　>>> 형성문자

貝 + 臤(간) (→ 臤의 전음이 음을 나타냄)

賢明(현명) / 賢母良妻(현모양처) / 賢人(현인) / 聖賢(성현)

01-072 貴 귀할 **귀**

획수: **12** 부수: **貝**　　　　　　　　>>> 형성문자

貝 + 虫[臾의 생략형 /유] (→ 臾의 전음이 음을 나타냄)

貴人(귀인) / 貴重(귀중) / 貴賤(귀천) / 高貴(고귀) / 尊貴(존귀) / 品貴(품귀)

01-073 買 살 **매**

획수: **12** 부수: **貝** >>> 회의문자

罒[그물] + 貝

買收(매수) / 買占賣惜(매점매석) / 買辦(매판) / 買票(매표) / 購買(구매)

01-074 賣 팔 **매**

획수: **15** 부수: **貝** >>> 회의문자

出 + 買

賣買(매매) / 賣物(매물) / 賣盡(매진) / 賣出(매출) / 發賣(발매) / 專賣(전매)

01-075 貧 가난할 **빈**

획수: **11** 부수: **貝** >>> 형성문자

貝 + 分(분) (→ 分의 전음이 음을 나타냄)

貧困(빈곤) / 貧富(빈부) / 貧弱(빈약) / 貧血(빈혈) / 極貧(극빈) / 淸貧(청빈)

01-076 賞 상줄 **상**

획수: **15** 부수: **貝** >>> 형성문자

貝 + 尙(상)

賞金(상금) / 賞罰(상벌) / 賞牌(상패) / 褒賞(포상) / 懸賞(현상)

01-077 財 재물 **재**

획수: **10** 부수: **貝** >>> 형성문자

貝 + 才(재)

財界(재계) / 財閥(재벌) / 財産(재산) / 財源(재원) / 蓄財(축재) / 橫財(횡재)

01-078 貯 쌓을 저

획수: **12** 부수: **貝** >>> 형성문자

貝 + 宁(저)

貯金(저금) / 貯藏(저장) / 貯蓄(저축)

01-079 質 모양 질[1] / 볼모 질[2]

획수: **15** 부수: **貝** >>> 형성문자

貝 + 斦 (→ 斦의 전음이 음을 나타냄)

質問(질문) / 質疑(질의) / 質責(질책) / 素質(소질) / 人質(인질) / 資質(자질)

01-080 責 꾸짖을 책

획수: **11** 부수: **貝** >>> 형성문자

貝 + 主[자/束의 생략형] (→ 束의 전음이 음을 나타냄)

責望(책망) / 責任(책임) / 問責(문책) / 職責(직책) / 叱責(질책) / 詰責(힐책)

01-081 貨 재화 화

획수: **11** 부수: **貝** >>> 형성문자

貝 + 化(화)

貨物(화물) / 貨幣(화폐) / 外貨(외화) / 財貨(재화) / 通貨(통화)

隹 새 추

새를 표현한 글자이다.
隹자 부수에 속하는 한자는 대체로 새의 종류와 관련된 뜻을 지닌다.
아울러 隹자는 많은 글자에서 음의 역할을 하기도 한다.

2급

01-083

雇 품살 고¹ / 새이름 호²

획수: **12** 부수: **隹**　　　　　　　　　　　　　　　　>>> 형성문자

隹 + 戶(호)

雇傭(고용) 품삯을 받고 남의 일을 함, 또는 그 사람
解雇(해고) 雇用者(고용자)가 피고용자를 내보냄

01-084

雙 쌍 쌍

획수: **18** 부수: **隹**　　　　　　　　　　　　　　　　>>> 회의문자

雔[새 두 마리] + 又[손]

雙務(쌍무) 쌍방이 서로 의무를 지는 일
雙方(쌍방) 상대되는 두 쪽
雙璧(쌍벽) ❶ 한 쌍의 구슬
　　　　　　 ❷ 둘이 다 아울러 뛰어나게 훌륭함

01-085

雁 기러기 안

획수: **12** 부수: **隹**　　　　　　　　　　　　　　　　>>> 형성문자

隹 + 厂(한) (→ 厂의 전음이 음을 나타냄)

雁陣(안진) ❶ 줄지어 날아가는 기러기의 행렬
　　　　　　 ❷ 기러기 행렬 모양의 陣法(진법)

01-086 雌 암컷 자

획수: **13** 부수: **隹**   >>> 형성문자

隹 + 此(차) (→ 此의 전음이 음을 나타냄)

雌雄(자웅) ❶ 암컷과 수컷
                ❷ '優劣(우열), 勝敗(승패)' 등의 비유

01-087 雀 참새 작

획수: **11** 부수: **隹**   >>> 회의문자

小[작음] + 隹

雀躍(작약) 참새가 날며 춤추듯이 깡충깡충 뛰면서 기뻐함

01-088 隻 짝 척

획수: **10** 부수: **隹**   >>> 회의문자

隹 + 又[손]

隻手(척수) 한쪽 손. 한 손

01-089 雉 꿩 치

획수: **13** 부수: **隹**   >>> 형성문자

隹 + 矢(시) (→ 矢의 전음이 음을 나타냄)

春雉自鳴(춘치자명) 봄철의 꿩이 스스로 욺. '시키거나 요구하지 않아도 때가
                되면 제 스스로 함'을 이름

3, 4급

01-090. 難 어려울 **난**¹ / 난리 **난**²

획수: **19** 부수: **隹**   >>> 형성문자

隹 + 堇(난)

難攻不落(난공불락) / 難局(난국) / 難民(난민) / 難兄難弟(난형난제) /
非難(비난) / 避難(피난) / 詰難(힐난)

01-091.   **離** 떠날 **리**
획수: **19** 부수: **隹**   >>> 형성문자
隹 + 离(리)

離陸(이륙) / 離別(이별) / 離脫(이탈) / 離合集散(이합집산) / 離婚(이혼) /
分離(분리)

01-092   **雖** 비록 **수**
획수: **17** 부수: **隹**   >>> 형성문자
虫[벌레] + 唯(유) (→ 唯의 전음이 음을 나타냄)

雖然(수연)

01-093   **雅** 우아할 **아**
획수: **12** 부수: **隹**   >>> 형성문자
隹 + 牙(아)

雅量(아량) / 雅號(아호) / 端雅(단아) / 優雅(우아)

01-094   **雜** 섞일 **잡**
획수: **18** 부수: **隹**   >>> 형성문자
襍(잡)의 속자
衣[옷] + 集(집) (→ 集의 전음이 음을 나타냄)

雜穀(잡곡) / 雜念(잡념) / 雜音(잡음) / 雜種(잡종) / 煩雜(번잡) / 錯雜(착잡)

01-095

雄 수컷 웅

획수: **12** 부수: **隹**

>>> 형성문자

隹 + 厷(굉) (→ 厷의 전음이 음을 나타냄)

雄大(웅대) / 雄辯(웅변) / 雄飛(웅비) / 雄壯(웅장) / 英雄(영웅) /
雌雄(자웅)

01-096

集 모을 집

획수: **12** 부수: **隹**

>>> 회의문자

隹 + 木 (→ 많은 새가 나무 위에 앉아있는 형상)

集結(집결) / 集計(집계) / 集團(집단) / 集會(집회) / 雲集(운집)

009

馬 말 **마**

말을 표현한 글자이다.
馬자 부수에 속하는 한자는 말의 여러 종류나 말로 인한 동작과 관련된 뜻을 지닌다.

2급

01-097

驅 몰 **구**
획수: **21** 부수: **馬** >>> 형성문자
馬 + 區(구)

驅迫(구박) 마구 몰아대어 못 견디게 괴롭힘
驅步(구보) 달음박질, 또는 뛰어감
驅使(구사) ❶ 몰아서 부림
　　　　　　 ❷ 자유 자재로 다루어서 씀
驅除(구제) 몰아내어 없앰
驅蟲(구충) 해충이나 기생충을 없앰
先驅(선구) ❶ 말을 탄 행렬에서 앞장을 섬
　　　　　　 ❷ 다른 사람에 앞서 어떤 일을 실행한 사람

01-098

騎 말탈 **기**¹ / 기병 **기**²
획수: **18** 부수: **馬** >>> 형성문자
馬 + 奇(기)

騎馬(기마) 말을 탐, 乘馬(승마)
騎兵(기병) 말을 타고 싸우는 병사
騎手(기수) 말을 타는 사람
單騎(단기) 홀로 말을 타고 감

01-099 騏 검푸른 말 기

획수: **18** 부수: **馬**　　　　　　　　　　　>>> 형성문자

馬 + 其(기)

騏驥(기기) 하루에 천 리를 달린다는 준마

01-100 騰 오를 등

획수: **20** 부수: **馬**　　　　　　　　　　　>>> 형성문자

馬 + 朕(짐) (→ 朕의 전음이 음을 나타냄)

騰貴(등귀) 물품이 모자라 값이 뛰어오름
騰落(등락) 물가 따위가 오르고 내림
昂騰(앙등) 물건 값이 높이 뛰어오름
暴騰(폭등) 물건 값이 갑자기 크게 오름

01-101 騷 떠들 소

획수: **20** 부수: **馬**　　　　　　　　　　　>>> 형성문자

馬 + 蚤(조) (→ 蚤의 전음이 음을 나타냄)

騷動(소동) 여럿이 소란을 피움
騷亂(소란) 시끄럽고 어수선함
騷擾(소요) ❶ 와자하고 떠들썩한 일
　　　　　 ❷ 많은 사람이 들고 일어나서 사회 질서를 어지럽히는 일
騷音(소음) 시끄러운 소리

01-102 駐 머무를 주

획수: **15** 부수: **馬**　　　　　　　　　　　>>> 형성문자

馬 + 主(주)

駐屯(주둔) 군대가 어떤 곳에 머무름
駐在(주재) ❶ 일정한 곳에 머물러 있음
　　　　　 ❷ 파견되어 그곳에 머무름

駐車(주차) 자동차 따위를 세워 둠
進駐(진주) 남의 나라 영토에 進軍(진군)하여 머무름

01-103 駿 준마 준

획수: **17** 부수: **馬** >>> 형성문자

馬 + 夋(준)

駿馬(준마) 잘 달리는 좋은 말
駿足(준족) ❶ 駿馬(준마)
　　　　　 ❷ 걸음이 빠름, 또는 그런 사람

3, 4급

01-104 驚 놀랄 경

획수: **23** 부수: **馬** >>> 형성문자

馬 + 敬(경)

驚愕(경악) / 驚異(경이) / 驚天動地(경천동지) / 驚歎(경탄)

01-105 驛 역말 역

획수: **23** 부수: **馬** >>> 형성문자

馬 + 睪(역)

驛舍(역사) / 驛長(역장) / 驛前(역전)

01-106 驗 시험 험

획수: **23** 부수: **馬** >>> 형성문자

馬 + 僉(첨) (→ 僉의 전음이 음을 나타냄)

經驗(경험) / 受驗(수험) / 試驗(시험) / 證驗(증험) / 體驗(체험) / 效驗(효험)

010

魚 물고기 어

물고기를 표현한 글자이다.
魚자 부수에 속하는 한자는 일반적으로 물고기처럼 물속에 사는 동물과 관련된 뜻을 지닌다.

2급

01-108

魯 둔할 로
획수: **15** 부수: **魚**　　　　　　　　　　>>> 형성문자

白[白→日] + 魚(어) (→ 魚의 전음이 음을 나타냄)

魯鈍(노둔) 어리석고 둔함

3, 4급

01-109

鮮 고울 선[1] / 적을 선[2]
획수: **17** 부수: **魚**　　　　　　　　　　>>> 형성문자

魚 + 羊[羴(선)의 생략형] (→ 羴의 생략형이 음을 나타냄)

鮮明(선명) 깨끗하고 밝음
鮮血(선혈) 갓 흘러나온 신선한 피
新鮮(신선) 새롭고 산뜻함

011

鳥 새 조

새를 표현한 글자이다.
鳥자 부수에 속하는 한자는 흔히 새의 명칭과 관련된 뜻을 지닌다.

2급

01-111 鳩 비둘기 구

획수: **13** 부수: **鳥** >>> 형성문자

鳥 + 九(구)

鳩巢(구소) ❶ 비둘기의 둥우리
❷ 초라한 집

01-112 鷗 갈매기 구

획수: **22** 부수: **鳥** >>> 형성문자

鳥 + 區(구)

白鷗(백구) 갈매기

01-113 鳳 봉새 봉

획수: **14** 부수: **鳥** >>> 형성문자

鳥 + 凡(범) (→ 凡의 전음이 음을 나타냄)

鳳雛(봉추) 봉황의 새끼, '재주가 뛰어난 소년' 또는 '아직 세상에 드러나지 않
은 영웅'의 비유
鳳凰(봉황) 聖人(성인)이 세상에 나면 이에 응하여 나타난다는, 상상의 상서로
운 새

01-114 鶴 두루미 **학**

획수: **21** 부수: **鳥**　　　　　　　　　　>>> 형성문자

鳥 + 寉(학)

鶴首苦待(학수고대) 학처럼 목을 길게 빼고 몹시 기다림
仙鶴(선학) '두루미'의 美稱(미칭)

01-115 鴻 큰기러기 **홍**

획수: **17** 부수: **鳥**　　　　　　　　　　>>> 형성문자

鳥 + 江(강) (→ 江의 전음이 음을 나타냄)

鴻鵠之志(홍곡지지) 큰 기러기와 고니의 뜻. '원대한 포부'를 이름
鴻毛(홍모) 기러기의 털. '아주 가벼운 사물'의 비유

3, 4급

01-116 鷄 닭 **계**

획수: **21** 부수: **鳥**　　　　　　　　　　>>> 형성문자

鳥 + 奚(혜) (→ 奚의 전음이 음을 나타냄)

鷄卵有骨(계란유골) / **鷄肋**(계륵) / **鷄鳴狗盜**(계명구도) / **養鷄**(양계) /
鬪鷄(투계)

01-117 鳴 울 **명**

획수: **14** 부수: **鳥**　　　　　　　　　　>>> 회의문자

鳥 + 口 (→ 새가 운다는 뜻)

悲鳴(비명)

01-118 鳥 새 **조**

획수: **11** 부수: **鳥**　　　　　　　　　　>>> 상형문자

鳥瞰圖(조감도) / **鳥足之血**(조족지혈) / **鳥獸**(조수) / **吉鳥**(길조)

012

鹿 사슴 록

사슴을 표현한 글자이다.

2급

01-119

麗 고울 려¹ / 나라이름 려²

획수: **19** 부수: **鹿**   >>> 회의문자

丽[고운 사슴 가죽 두 장] + 鹿

麗末鮮初(여말선초) 고려 말기와 조선 초기
美麗(미려) 아름답고 고움
美辭麗句(미사여구) 아름답게 꾸민 말과 글
秀麗(수려) 빼어나게 아름다움
華麗(화려) 빛나고 아름다움

01-120

麒 기린 기

획수: **19** 부수: **鹿**   >>> 형성문자

鹿 + 基(기)

麒麟(기린) ❶ 聖人(성인)이 날 징조로 나타난다는 상상의 동물
　　　　　　❷ 기린과의 포유동물
麒麟兒(기린아) 재능, 기예가 남달리 뛰어난 젊은이

3, 4급

01-121

鹿 사슴 록

획수: **11** 부수: **鹿**   >>> 상형문자
鹿角(녹각) / **鹿茸**(녹용) / **馴鹿**(순록)

015

龍 용 룡

상상의 동물 용을 표현한 글자이다.

3, 4급

01-122

龍 용 룡

획수: **16** 부수: **龍** >>> 상형문자

龍頭蛇尾(용두사미) / 龍床(용상) / 龍顔(용안) / 龍虎相搏(용호상박) /
恐龍(공룡)

016

거북 귀

거북을 표현한 글자이다.

2급

01-123

龜 땅이름 **구**¹ / 거북 **귀**² / 터질 **균**³

획수: **16** 부수: **龜**　　　　　　　　　　　　　　　　　>>> 상형문자

龜鑑(귀감) 거북과 거울. '본받을 만한 모범이나 본보기'를 이름

龜裂(균열) ❶ 사물이 갈라져 터짐

　　　　　　❷ 추위로 손발이 틈

017

ㅗ 돼지해머리

무엇을 표현했는지 알 길이 없는 글자이다.
ㅗ자는 글자 구성에 도움을 줄 뿐이고 그 뜻에 영향을 미치치 않는다.

2급

01-124 亮 밝을 **량**

획수: **9** 부수: ㅗ   >>> 형성문자

儿 + 京 (→ 京의 생략체의 전음이 음을 나타냄)

清亮(청량) 소리가 맑고 깨끗함

01-125 亢 올라갈 **항**¹ / 목 **항**²

획수: **4** 부수: ㅗ   >>> 상형문자

경맥(硬脈)의 모양을 본뜸

亢龍(항룡) 하늘에 오른 용. '썩 높은 지위'의 비유
絶亢(절항) 목을 끊고 죽음

3, 4급

01-126 亦 또 **역**¹ / 클 **혁**²

획수: **6** 부수: ㅗ   >>> 지사문자

사람의 양 옆구리를 나타냄

亦是(역시)

01-127 亭 정자 **정**

획수: **9** 부수: 亠 >>> 형성문자

高[높을 고]의 생략형 + 丁(정)

亭子(정자) / **亭亭**(정정)

01-128 亥 돼지 **해**

획수: **6** 부수: 亠 >>> 상형문자

亥時(해시)

01-129 享 누릴 **향**

획수: **8** 부수: 亠 >>> 상형문자

종묘의 모습을 그림

享年(향년) / **享樂**(향락) / **享有**(향유)

01-130 亨 형통할 **형**

획수: **7** 부수: 亠 >>> 회의문자

高의 생략체 +日[삶은 요리]

亨通(형통) / **元亨利貞**(원형이정)

8 亡 멸할 **망**[1] / 없을 **무**[2]

획수: **3** 부수: 亠 >>> 회의문자

乚[숨음] + 入

亡國(망국) / **亡靈**(망령) / **亡命**(망명) / **亡羊之歎**(망양지탄) /
滅亡(멸망) / **死亡**(사망)

019

터럭 **삼**

가지런히 나 있는 터럭을 표현한 글자이다.
옛날에 터럭은 흔히 장식을 하는데 사용되었다. 따라서 彡자 부수에 속하는 한자는 대개 아름답게 장식한다는 뜻과 서로 관련이 있다.

2급

01-133

彬 빛날 **빈**

획수: **11** 부수: 彡   >>> 형성문자

彡 + 焚(분) (→ 焚의 생략형이 전음을 나타냄)

彬彬(빈빈) 외양과 내용이 어우러져 조화된 모양

01-134

彦 선비 **언**

획수: **9** 부수: 彡   >>> 형성문자

文 + 彡 + 厂(엄) (→ 厂의 전음이 음을 나타냄)

彦士(언사) 재덕이 뛰어난 선비

01-135

影 그림자 **영**

획수: **15** 부수: 彡   >>> 회의문자

景[일광] + 彡[그림자의 무늬]

影印本(영인본) 사진 따위로 찍어 原本(원본)과 똑같게 만든 책
影響(영향) 그림자와 메아리. 다른 사물에 작용이 미쳐 변화를 주는 일
殘影(잔영) 남은 그림자나 흔적
撮影(촬영) 사진을 찍음
投影(투영) 어떤 物體(물체)의 그림자를 비춤
幻影(환영) 있지 않은 것이 있는 것처럼 보이는 형상. 幻像(환상)

01-136　彫 새길 조

획수: **11** 부수: 彡　　　　　　　　　　　　　　　　>>> 형성문자

彡 + 周(주) (→ 周의 전음이 음을 나타냄)

彫刻(조각) 글씨, 그림, 물건의 형상 등을 돌이나 나무, 금속 따위에 새김, 또
　　　　　는 새긴 그 작품
彫琢(조탁) ❶ 새기고 쫌
　　　　　　　❷ '시문을 아름답게 다듬음'의 비유

01-137　彰 밝을 창

획수: **14** 부수: 彡　　　　　　　　　　　　　　　　>>> 형성문자

彡 + 章(장) (→ 章의 전음이 음을 나타냄)

表彰(표창) 공적이나 훌륭한 사실을 세상에 드러내어 밝힘

01-138　彩 무늬 채

획수: **11** 부수: 彡　　　　　　　　　　　　　　　　>>> 형성문자

彡 + 采(채)

彩色(채색) ❶ 색을 칠함
　　　　　　 ❷ 여러 가지의 고운 빛깔
光彩(광채) 눈부신 빛
文彩(문채) ❶ 무늬
　　　　　　 ❷ 찬란하고 아름다운 광채
色彩(색채) 빛깔, 또는 빛깔과 문채

국어 실력으로 이어지는 수(秀) 한자: 2급 상

020

歹 뼈 앙상할 **알**

살이 없어지고 금이 간 뼈만 앙상하게 남아있는 모양을 표현한 글자이다. 뼈만 앙상하게 남은 모양은 죽음이나 재난을 상징하므로 歹자 부수에 속하는 한자는 대부분 그 상징하는 의미와 관련이 있다.

2급

01-140

殖 번식할 **식**
획수: **12** 부수: **歹** >>> 형성문자

歹 + 直(직) (→ 直의 전음이 음을 나타냄)

繁殖(번식) 붇고 늘어 많이 퍼짐
生殖(생식) ❶ 낳아서 불림
❷ 생물이 자기와 같은 종류의 생물을 새로이 만들어 내는 일

01-141

殊 다를 **수**
획수: **10** 부수: **歹** >>> 형성문자

歹 + 朱(주) (→ 朱의 전음이 음을 나타냄)

殊常(수상) 보통과 달리 이상함
殊勳(수훈) 큰 공훈. 뛰어난 공
特殊(특수) 특별히 다름

01-142

殉 따라죽을 **순**
획수: **10** 부수: **歹** >>> 형성문자

歹 + 旬(순)

殉敎(순교) 자기가 믿는 종교를 위하여 목숨을 버림

殉國(순국) 나라를 위하여 生命(생명)을 바침
殉葬(순장) 지난날, 임금이나 남편의 장사에 신하나 아내를 산 채로 함께 매
　　　　장하던 일
殉職(순직) 직무를 수행하다 죽음

01-143 殃 재앙 **앙**
획수: **9** 부수: 歹　　　　　　　　　　　　　　　　　　>>> 형성문자
歹 + 央(앙)

災殃(재앙) 天災地變(천재지변) 따위로 말미암은 온갖 불행한 일

01-144 殆 위태할 **태**
획수: **9** 부수: 歹　　　　　　　　　　　　　　　　　　>>> 형성문자
歹 + 台(태)

百戰不殆(백전불태) 여러 번 싸워도 위태롭지 않음
危殆(위태) ❶ 형세가 매우 어려움
　　　　　❷ 안전하지 못하고 위험함

3, 4급

01-145 殘 남을 **잔**
획수: **12** 부수: 歹　　　　　　　　　　　　　　　　　>>> 형성문자
歹 + 戔(잔)

殘留(잔류) / 殘額(잔액) / 殘餘(잔여) / 殘酷(잔혹) / 相殘(상잔) / 衰殘(쇠잔)

021

毛 터럭 모

몇 가닥의 짧은 터럭과 한 가닥의 긴 터럭을 표현한 글자이다.

2급

01-147

毯 담요 담

획수: **12** 부수: **毛**   >>> 형성문자

毛 + 炎(염) (→ 炎의 전음이 음을 나타냄)

毯子(담자) 담요

01-148

毫 가는 털 호

획수: **11** 부수: **毛**   >>> 형성문자

毛 + 高(고) (→ 高의 생략형이 전음을 나타냄)

秋毫(추호) 가을철에 가늘어진 짐승의 털. '몹시 작음'의 비유
揮毫(휘호) 붓을 휘둘러 글씨를 쓰거나 그림을 그림

022 内 짐승발자국 유

소처럼 풀을 먹고 사는 뭉툭한 짐승발자국을 나타낸 것이다.

2급

01-150 **禽** 날짐승 금

획수: **13** 부수: **内** >>> 형성문자

内 + 凶 + 今(금)

禽獸(금수) '날짐승과 길짐승'의 총칭. 鳥獸(조수)
家禽(가금) 집에서 기르는 짐승
猛禽(맹금) 육식을 하는, 성질이 사나운 날짐승

01-151 **禹** 하우씨 우

획수: **9** 부수: **内** >>> 상형문자

虫 + 内

禹域(우역) 중국의 다른 이름, 우왕(禹王)이 홍수를 다스려 중국 구주(九州)의
경계를 정했다는 데서 온 말

023

羽 깃 우

깃을 표현한 글자로, 새의 두 날개에 있는 깃을 간단하게 나타낸 것이다.

2급

01-152 翁 늙은이 옹

획수: **10** 부수: 羽 　　　　　　　　　　　　　　>>> 형성문자

羽 + 公(공) (→ 公의 전음이 음을 나타냄)

翁壻(옹서) 장인과 사위
塞翁之馬(새옹지마) 변방 늙은이의 말 '인생의 길흉화복은 변화가 많아 예측
　　　　　　　하기 어려움'의 비유

01-153 耀 빛날 요

획수: **20** 부수: 羽 　　　　　　　　　　　　　　>>> 형성문자

光 + 翟(적) (→ 翟의 전음이 음을 나타냄)

耀德(요덕) 덕을 빛나게 함
耀耀(요요) 빛나는 모양

01-154 翼 날개 익

획수: **17** 부수: 羽 　　　　　　　　　　　　　　>>> 형성문자

羽 + 異(이) (→ 異의 전음이 음을 나타냄)

右翼(우익) ❶ 오른쪽 날개
　　　　　❷ 보수적인 당파, 또는 거기에 딸린 사람

羽翼(우익) ❶ 날개
❷ 곁에서 도와 받듦, 또는 그 사람

01-155 翊 이튿날 익
획수: **11** 부수: **羽** >>> 형성문자
羽 + 立(립) (→ 立의 전음이 음을 나타냄)

翊年(익년) 다음 해. 이듬해
翊日(익일) 다음 날. 이튿날

01-156 翰 붓 한
획수: **16** 부수: **羽** >>> 형성문자
羽 + 軟(간)

翰林(한림) ❶ 학자와 文人(문인), 또는 그들의 사회나 단체
❷ 조선시대 '예문관 검열'의 異稱(이칭)
書翰(서한) 편지. 書簡(서간)

3, 4급

01-157 羽 깃 우
획수: **6** 부수: **羽** >>> 상형문자
羽翼(우익) / 羽化登仙(우화등선)

024

肉 고기 **육**　　月 육달월

고기를 표현한 글자인데, 저며 놓은 한 덩어리의 고기를 나타냈다.
肉자가 글자에 덧붙여져 사용될 때는 月의 형태로 간략하게 변화되어
쓰인다.

2급

01-159

肝 간 **간**

획수: **7** 부수: **肉**　　　　　　　　　　>>> 형성문자

月 + 干(간)

肝膽(간담) ❶ 간과 쓸개
　　　　　 ❷ 속마음
肝膽相照(간담상조) 속마음을 서로 비추어 봄. '숨김이 없을 정도로 친한 사
　　　　　　　　　　 이'의 비유
肝腸(간장) ❶ 간장과 창자
　　　　　 ❷ 마음

01-160

腔 빈속 **강**

획수: **12** 부수: **肉**　　　　　　　　　　>>> 형성문자

月 + 空(공)

腔腸(강장) 해파리 따위 동물의 체내에서 영양을 흡수하는 기관
口腔(구강) 입 안
腹腔(복강) 배 속. 위장, 간장, 신장 등이 들어 있는 부분

01-161

肩 어깨 **견**

획수: **8** 부수: **肉**　　　　　　　　　　>>> 회의문자

戶[견갑골의 상형] + 月

肩章(견장) 제복의 어깨에 붙여 계급 따위를 나타내는 표지
比肩(비견) 어깨를 나란히 함. 우열이 없이 동등함

01-162

膏 기름 고

획수: **14** 부수: **肉**　　　　　　　　　　　　　　　>>> 형성문자

月 + 高

膏粱珍味(고량진미) 기름진 고기와 좋은 곡식으로 만든 맛있는 음식
膏藥(고약) 종기나 상처에 붙이는 끈끈한 약
膏血(고혈) ❶ 기름과 피
　　　　 ❷ 애써 얻은 이익, 또는 그렇게 모은 재산
軟膏(연고) 약을 개어서 만든 반고체 상태의 外用藥(외용약)

01-163

膠 아교 교

획수: **15** 부수: **肉**　　　　　　　　　　　　　　　>>> 형성문자

月 + 翏(료) (→ 翏의 전음이 음을 나타냄)

膠着(교착) ❶ 아주 단단히 달라붙음
　　　　 ❷ 어떤 상태가 고정되어 조금도 변동이 없음

01-164

肯 즐길 긍

획수: **8** 부수: **肉**　　　　　　　　　　　　　　　>>> 회의문자

月 + 止

肯定(긍정) 어떤 사물, 현상에 대하여 그것이 옳다고 인정함
首肯(수긍) 머리를 끄덕여 옳다고 긍정함

01-165

膽 쓸개 담

획수: **17** 부수: **肉**　　　　　　　　　　　　　　　>>> 형성문자

月 + 詹(첨) (→ 詹의 전음이 음을 나타냄)

膽力(담력) 겁이 고 용감한 기운

肝膽(간담) ❶ 간과 쓸개

❷ 속마음

落膽(낙담) ❶ 몹시 놀라 간이 떨어질 듯함

❷ 일이 실패로 돌아가 갑자기 마음이 상함

大膽(대담) 담력이 큼

01-166

膜 꺼풀 막

획수: **15** 부수: **肉**　　　　　　　　>>> 형성문자

肉 + 莫(막)

角膜(각막) 눈알의 앞쪽 중앙에 있는 투명한 막

鼓膜(고막) 척추동물의 中耳(중이)의 바깥쪽에 있는 갓모양의 둥글고 얇은 막. 귀청

肋膜(늑막) 흉곽의 내면과 폐의 표면을 싸고 있는 막

01-167

脈 맥 **맥**

획수: **10** 부수: **肉**　　　　　　　　>>> 회의문자

月 + 辰[派의 본자] (→ 체내에 피가 흐르고 있는 줄기의 뜻)

脈絡(맥락) ❶ 혈관의 계통

❷ 사물의 줄거리

脈搏(맥박) 심장의 움직임에 따라 동맥벽에 일어나는 주기적 움직임

動脈(동맥) 심장에서 나온 혈액을 온몸으로 보내는 혈관

山脈(산맥) 길게 뻗어 나간 산악의 줄기

一脈相通(일맥상통) 생각, 처지, 상태 등이 한 줄기로 서로 통함

診脈(진맥) 맥박을 짚어 보아 병을 진찰함

01-168

肪 비계 **방**

획수: **8** 부수: **肉**　　　　　　　　>>> 형성문자

月 + 方(방) (→ 체내에 피가 흐르고 있는 줄기의 뜻)

脂肪(지방) 기름

01-169 膚 살갗 부

획수: **15** 부수: **肉** >>> 형성문자

肉 + 盧(로) (→ 盧의 생략형의 전음이 음을 나타냄)

雪膚花容(설부화용) 눈처럼 흰 살결과 꽃같이 예쁜 얼굴. '아름다운 여인의
　　　　　　　　　모습'의 비유
皮膚(피부) 동물의 몸 전체를 싸고 있는 겉껍질. 살갗

01-170 腐 썩을 부

획수: **14** 부수: **肉** >>> 형성문자

肉 + 府(부)

腐蝕(부식) 썩고 좀먹음
腐敗(부패) 썩어서 못 쓰게 됨
防腐(방부) 썩지 못하게 막음
陳腐(진부) 케케묵고 낡음

01-171 膳 반찬 선

획수: **16** 부수: **肉** >>> 형성문자

月 + 善(선)

膳物(선물) 선사하는 물건
膳賜(선사) 정의 표시로 물건을 줌

01-172 脣 입술 순

획수: **11** 부수: **肉** >>> 형성문자

月 + 辰(신) (→ 辰의 전음이 음을 나타냄)

脣亡齒寒(순망치한) 입술이 없어지면 이가 시림. '서로 의지하는 한쪽이 망
　　　　　　　　　하면 다른 한쪽도 따라 망하게 됨'의 비유
丹脣皓齒(단순호치) 붉은 입술과 흰 이. '미인의 얼굴'을 이름

01-173 腎 콩팥 **신**

획수: **12** 부수: **肉**　　　　　　　　　　>>> 형성문자

月 + 臤 (→ 臤의 전음이 음을 나타냄)

腎臟(신장) 몸 안의 노폐물을 오줌으로 내보내는 기관

01-174 腰 허리 **요**

획수: **13** 부수: **肉**　　　　　　　　　　>>> 형성문자

月 + 要(요)

腰帶(요대) 허리띠
腰痛(요통) 허리가 아픈 병

01-175 胤 맏 **윤**

획수: **9** 부수: **肉**　　　　　　　　　　>>> 회의문자

月+ 幺 + 八

胤玉(윤옥) '남의 아들'의 높임말. 令胤(영윤)

01-176 臟 오장 **장**

획수: **22** 부수: **肉**　　　　　　　　　　>>> 형성문자

月 + 藏(장)

臟器(장기) 내장의 여러 器官(기관)
內臟(내장) 동물의 가슴과 배 속에 있는 기관의 총칭
五臟(오장) '간장, 심장, 비장, 폐장, 신장'의 다섯 가지 내장

01-177 脂 비계 **지**

획수: **10** 부수: **肉**　　　　　　　　　　>>> 형성문자

月 + 旨

脂肪(지방) 동물이나 식물에 들어 있으며, 물에 풀어지지 않고 불에 타는 성
　　　　　질을 가진 물질. 기름

油脂(유지) '동식물에서 얻은 기름'의 총칭

01-178　**肢** 팔다리 **지**

획수: **8**　부수: **肉**　　　　　　　　　　　　　　>>> 형성문자

月 + 支(지)

肢體(지체) 팔다리와 몸
四肢(사지) 두 팔과 두 다리

01-179　**肖** 닮을 **초**

획수: **7**　부수: **肉**　　　　　　　　　　　　　　>>> 형성문자

月 + 小(소)

肖像(초상) 그림이나 사진에 나타난 어떤 사람의 얼굴이나 모습
不肖(불초) ❶ 부모를 닮지 않음. '자식이 못나고 재능이 없음'을 이름
　　　　　　 ❷ '자기'의 낮춤말

01-180　**胎** 아이밸 **태**

획수: **9**　부수: **肉**　　　　　　　　　　　　　　>>> 형성문자

月 + 台(태)

胎教(태교) 태아에게 좋은 감화를 주기 위해 妊婦(임부)가 마음을 바르게 하
　　　　　　 고 언행을 삼가는 일
胎動(태동) ❶ 태아가 움직임
　　　　　　 ❷ 어떤 일이 일어날 기운이 싹틈
胎夢(태몽) 아기를 밸 徵兆(징조)로 꾸는 꿈
胎兒(태아) 모체의 胎(태) 안에서 자라고 있는 아이
母胎(모태) ❶ 어미의 태 안
　　　　　　 ❷ 사물이 발생하거나 발전하는 토대
孕胎(잉태) 아이를 뱀. 妊娠(임신)

01-181 脅 으를 협

획수: **10** 부수: **肉** >>> 형성문자

月 + 劦(협)

脅迫(협박) 으르고 다잡음
威脅(위협) 威力(위력)으로 협박함

01-182 胡 오랑캐 호

획수: **9** 부수: **肉** >>> 형성문자

月 + 古(고) (→ 古의 전음이 음을 나타냄)

胡亂(호란) 胡人(호인)이 쳐들어온 난리. 특히 '丙子胡亂(병자호란)'을 이름
胡人(호인) ❶ 중국 북방의 '만주족'을 이름
❷ 야만스러운 사람

3, 4급

01-183 脚 다리 각

획수: **11** 부수: **肉** >>> 형성문자

月 + 却(각)

脚光(각광) / 脚線美(각선미) / 脚色(각색) / 健脚(건각) / 橋脚(교각) /
失脚(실각)

01-184 腦 뇌 뇌

획수: **13** 부수: **肉** >>> 회의문자

月 + 巛[머리카락] + 図[머리모양]

腦裏(뇌리) / 腦死(뇌사) / 腦炎(뇌염) / 頭腦(두뇌)

01-185 能 능할 능

획수: **10** 부수: **肉** >>> 상형문자

본래 곰을 뜻하였으나 뒤에 '재능', '능력' 등의 뜻으로 가차됨

能動(능동) / 能爛(능란) / 能力(능력) / 能通(능통) / 技能(기능) / 才能(재능)

01-186 背 등 배

획수: **9** 부수: **肉** >>> 형성문자

月 + 北(배)

背景(배경) / 背水陣(배수진) / 背信(배신) / 背恩忘德(배은망덕) /
背馳(배치) / 違背(위배)

01-187 服 배 복

획수: **13** 부수: **肉** >>> 형성문자

月 + 复(복)

腹膜(복막) / 腹部(복부) / 腹案(복안) / 腹痛(복통) / 心腹(심복)

01-188 肥 살찔 비

획수: **8** 부수: **肉** >>> 회의문자

月 + 巴[巴는 卩의 변형]

肥大(비대) / 肥料(비료) / 肥滿(비만) / 肥沃(비옥)

01-189 胃 밥통 위

획수: **9** 부수: **肉** >>> 회의문자

月 + 田 (→ 위장 안에 음식이 들어있는 모양)

胃酸(위산) / 胃癌(위암) / 胃腸(위장) / 胃痛(위통)

01-190 腸 창자 **장**
획수: **13** 부수: **肉** >>> 형성문자
月 + 昜(양) (→ 昜의 전음이 음을 나타냄)

灌腸(관장) / 斷腸(단장)

01-191 脫 벗을 **탈**
획수: **11** 부수: **肉** >>> 형성문자
月 + 兌(태) (→ 兌의 전음이 음을 나타냄)

脫落(탈락) / 脫漏(탈루) / 脫線(탈선) / 脫盡(탈진) / 離脫(이탈) / 虛脫(허탈)

01-192 肺 허파 **폐**
획수: **8** 부수: **肉** >>> 형성문자
月 + 市 (→ 市의 전음이 음을 나타냄)

肺病(폐병) / 肺腑(폐부) / 肺炎(폐렴/폐염) / 肺活量(폐활량) / 心肺(심폐)

01-193 胞 태보 **포**
획수: **9** 부수: **肉** >>> 회의문자
月 + 包[태 안에 있는 아이]

同胞(동포) / 細胞(세포)

01-194 胸 가슴 **흉**
획수: **10** 부수: **肉** >>> 회의문자
月 + 匈[가슴]

胸襟(흉금) / 胸部(흉부) / 胸像(흉상) / 胸中(흉중)

025

虍 범의 문채 **호**

범의 모습을 독립적으로 표현한 글자이다.

2급

01-197 虜 사로잡을 **로**

획수: **12** 부수: **虍**   >>> 형성문자

田 + 力 + 虍(호) (→ 虍의 전음이 음을 나타냄)

虜獲(노획) 적을 사로잡음
捕虜(포로) 전투에서 사로잡은 적의 군사. 浮虜(부로)

01-198 虐 사나울 **학**

획수: **9** 부수: **虍**   >>> 회의문자

虍[호랑이] + 虐[손톱]

虐待(학대) 가혹하게 대함
虐殺(학살) 참혹하게 죽임
虐政(학정) 포학한 정치. 苛政(가정)
殘虐(잔학) 잔인하고 포학함
暴虐(포학) 사납고 잔인함

1-199

處 곳 처¹ / 머무를 처²

획수: **11** 부수: **虍**　　　　　　　　　　　>>> 회의문자

夊[걸음] + 几[걸상] + 虍

處斷(처단) / **處暑**(처서) / **處世**(처세) / **處地**(처지) / **居處**(거처) / **傷處**(상처)

01-200

虛 빌 허

획수: **12** 부수: **虍**　　　　　　　　　　　>>> 형성문자

丘 + 虍(호) (→ 虍의 전음이 음을 나타냄)

虛無(허무) / **虛勢**(허세) / **虛心坦懷**(허심탄회) / **虛榮**(허영) /
虛張聲勢(허장성세) /　**虛荒**(허황)

01-201

虎 범 호

획수: **8** 부수: **虍**　　　　　　　　　　　　>>> 상형문자

호랑이 모양을 본뜸

虎口(호구) / **虎視眈眈**(호시탐탐) / **猛虎**(맹호)

026

角 뿔 각

투박하고 거친 뿔을 표현한 글자이다.

2급

01-203

觸 닿을 촉
획수: **20** 부수: **角**   >>> 형성문자
角 + 蜀(촉)

觸覺(촉각) 무엇이 닿았을 때 느끼는 감각
觸感(촉감) 피부에 닿는 느낌
觸發(촉발) ❶ 사물에 맞닥뜨려 어떤 느낌이 일어남
            ❷ 무엇에 닿아 폭발함
一觸卽發(일촉즉발) 조금만 닿아도 곧 폭발함. '막 일이 일어날 듯한 몹시 위
                험한 상태'를 이름
抵觸(저촉) ❶ 다치거나 부딪침
                 ❷ 법률, 규칙 등에 어긋나고 거슬림

3, 4급

01-204

角 뿔 각
획수: **7** 부수: **角**   >>> 상형문자
뿔을 본뜬 글자

角度(각도) / **角木**(각목) / **角者無齒**(각자무치) / **角逐**(각축) / **頭角**(두각)

解 _{풀 해}

획수: **13** 부수: **角**

>>> 회의문자

角 + 牛[소] + 刀[칼] (→ 소의 뿔을 칼로 떼어냄)

解渇(해갈) / **解雇**(해고) / **解明**(해명) / **解放**(해방) / **難解**(난해) / **瓦解**(와해)

027

采 분별할 변

짐승 발자국을 표현한 글자이다.

2급

01-206

釋 풀 석

획수: **20** 부수: **采**   >>> 형성문자

采 + 睪(역) (→ 睪의 전음이 음을 나타냄)

釋放(석방) 구금되었던 사람을 풀어줌. 放免(방면)
釋然(석연) 미심쩍거나 꺼림칙한 일들이 확 풀림
保釋(보석) 보증금을 내게 하고 구류 중인 미결수를 석방하는 일
註釋(주석) 本文(본문)을 알기 쉽게 풀이한 글
解釋(해석) 뜻을 풀어 설명함

01-207

采 캘 채¹ / 나물 채²

획수: **8** 부수: **采**   >>> 회의문자

瓜 + 木

喝采(갈채) 크게 소리치며 칭찬함
風采(풍채) 드러나 보이는 사람의 겉모양. 風神(풍신)

028

非 아닐 비

새의 두 날개가 각기 다른 방향으로 펼쳐져 있는 모양을 표현한 글자이다.

3, 4급

01-208

非 아닐 비

획수: **8** 부수: **非**　　　　　　　　　　　　　　　　>>> 상형문자

새가 날개를 편 모양. 가차되어 '아니다'의 뜻으로 쓰임

非理(비리) / **非命橫死**(비명횡사) / **非夢似夢**(비몽사몽) / **非凡**(비범) /
非一非再(비일비재) / **是非**(시비)

029

革 가죽 혁

옷 같은 것을 만들기 위해 손질하여 말리고 있는 동물 가죽을 표현한 글자이다.
革자 부수에 속하는 한자는 대개 가죽으로 만든 물건과 관련된 뜻을 지닌다.

2급

01-209

鞠 기를 국

획수: **17** 부수: **革**　　　　　　　　　　　>>> 형성문자
革 + 菊(국)

鞠育(국육) 어린아이를 기름

01-210

鞍 안장 안

획수: **15** 부수: **革**　　　　　　　　　　　>>> 형성문자
革 + 安(안)

鞍馬(안마) 안장을 갖춘 말

01-211

鞭 채찍 편

획수: **18** 부수: **革**　　　　　　　　　　　>>> 형성문자
革 + 便(편)

鞭撻(편달) 채찍으로 때림. '일깨워 주고 격려하여 줌'을 이름
敎鞭(교편) 교사가 학생을 가르칠 때 쓰는 회초리
走馬加鞭(주마가편) 달리는 말에 채찍질함. '열심히 하는 사람을 더 부추기거나 몰아침'을 이름

01-212 靴 신 화
획수: **13** 부수: 革 >>> 형성문자
革 + 化(화)

製靴(제화) 구두를 만듦

3, 4급

01-213 革 가죽 혁
획수: **9** 부수: 革 >>> 상형문자

革命(혁명) / **革新**(혁신) / **改革**(개혁) / **變革**(변혁) / **沿革**(연혁)

030

風 바람 풍

돛[凡]과 더불어 봉황새[鳳]로 눈에 보이지 않는 바람을 표현한 글자이다.

2급

01-214

颱 태풍 태

획수: **14** 부수: **風**   >>> 형성문자

風 + 台(태)

颱風(태풍) 북태평양 남서부에서 발생하여 아시아 대륙 동부로 불어오는 폭
풍우

031

飛 날 비

새가 날개를 활짝 펴고 나는 모양을 표현한 글자이다.

2급

01-216

飜 뒤집을 번

획수: **21** 부수: **飛**　　　　　　　　　　　>>> 형성문자

飛 + 番(번)

飜覆(번복) 뒤집음. 뒤엎음

飜案(번안) ❶ 앞의 案件(안건)을 뒤집어 놓음

　　　　　❷ 原作(원작)의 줄거리는 그대로 두고 다른 표현 양식을 써서 새
　　　　　　롭게 고쳐 짓는 일

飜譯(번역) 한 나라의 말로 표현된 문장을 다른 나라 말로 옮김

3, 4급

01-217

飛 날 비

획수: **9** 부수: **飛**　　　　　　　　　　　　>>> 상형문자

飛報(비보) / **飛翔**(비상) / **飛躍**(비약) / **飛行**(비행) / **飛火**(비화) / **雄飛**(웅비)

032

骨 뼈 골

위가 좁고 아래가 넓은 뼈를 간단한 형태로 표현한 글자였다가 후에 月[폐]을 덧붙이면서 그 뜻을 분명히 했다.

3, 4급

01-218

骨 뼈 골

획수: **10** 부수: **骨**   >>> 회의문자

冎[뼈] + 月[살]

骨格(골격) / **骨肉相殘**(골육상잔) / **骨子**(골자) / **骨折**(골절) / **遺骨**(유골) / **鐵骨**(철골)

제2장
식물 관련 부수

033 木 나무 목

나무를 표현한 글자이다.
가지와 줄기, 그리고 뿌리가 있는 나무를 간략한 형태로 나타냈다.

02-001 槪 대개 **개**

획수: **15** 부수: **木** >>> 형성문자

木 + 旣(기) (→ 旣의 전음이 음을 나타냄)

槪觀(개관) ❶ 전체를 대강 살펴봄
　　　　　　❷ 대체적인 모양
槪念(개념) 여러 관념 속에서 공통 되는 요소를 추상하여 종합한 하나의 관념
槪略(개략) 대체적인 줄거리
槪要(개요) 대강의 요점
槪況(개황) 대략의 상황

02-002 桂 계수나무 **계**

획수: **10** 부수: **木** >>> 형성문자

木 + 圭(규) (→ 圭의 전음이 음을 나타냄)

桂樹(계수) 계수나무, 또는 월계수
桂皮(계피) 계수나무의 껍질
月桂冠(월계관) 경기의 우승자에게 월계수의 가지와 잎으로 만들어 씌워 주
　　　　　　던 관. '승리나 명예'의 비유

02-003

枯 마를 고

획수: **9** 부수: **木** >>> 형성문자

木 + 古(고)

枯渴(고갈) 물이 말라서 없어짐
枯死(고사) 나무나 풀이 말라 죽음
枯葉(고엽) 마른 잎
榮枯(영고) 사물의 번영함과 쇠멸함. 성함과 쇠함. 盛衰(성쇠)

02-004

槿 무궁화나무 근

획수: **15** 부수: **木**

木 + 菫(근)

槿域(근역) 무궁화가 많은 지역. '우리나라'의 異稱(이칭)

02-005

棋 바둑 기

획수: **12** 부수: **木** >>> 형성문자

木 + 其(기)

棋局(기국) ❶ 바둑판
　　　　　❷ 바둑의 승부의 형세
棋譜(기보) 바둑이나 장기의 對局(대국) 내용을 기호로 기록한 것
棋士(기사) 바둑을 직업으로 삼아 두는 사람
棋院(기원) ❶ 棋士(기사)들의 단체나 그 집합소
　　　　　❷ 바둑을 즐길 만한 시설과 장소를 제공하는 업소

02-006

棄 버릴 기

획수: **12** 부수: **木** >>> 회의문자

棄却(기각) 버리고 문제 삼지 않음
棄權(기권) 권리를 버림
遺棄(유기) 내버리고 돌보지 않음
廢棄(폐기) 못 쓰게 된 것을 내버림

抛棄(포기) ❶ 하던 일을 그만둠

❷ 권리나 자격을 내버려 쓰지 않음

02-007 檀 박달나무 **단**

획수: **17** 부수: **木** >>> 형성문자

木 + 亶(단)

檀君(단군) 우리 겨레의 國祖(국조)로 받드는 태초의 임금

02-008 桃 복숭아 **도**

획수: **10** 부수: **木** >>> 형성문자

木 + 兆(조) (→ 兆의 전음이 음을 나타냄)

桃園結義(도원결의) '의형제를 맺음'을 이름. 蜀(촉)의 劉備(유비), 關羽(관우), 張飛

(장비)가 복숭아밭에서 형제의 의를 맺었다는 데서 온 말

桃花(도화) 복숭아꽃

白桃(백도) 꽃 빛깔이 흰 복숭아

02-009 棟 마룻대 **동**

획수: **12** 부수: **木** >>> 형성문자

木 + 東(동)

棟梁(동량) ❶ 마룻대와 들보

❷ 한 집안이나 국가의 기틀이 될 만한 인물. 棟梁之材(동량지재)

病棟(병동) 병원 안에 있는, 여러 병실로 된 한 채의 건물

02-010 桐 오동나무 **동**

획수: **10** 부수: **木** >>> 형성문자

木 + 同(동)

梧桐(오동) 오동나무

02-011 杜 막을 **두**

획수: **7** 부수: **木**　　　　　　　　　　　　　　>>> 형성문자

木 + 土(토) (→ 土의 전음이 음을 나타냄)

杜鵑(두견) ❶ 두견새
　　　　　❷ '진달래'의 異稱(이칭). 杜鵑花(두견화)
杜門不出(두문불출) 문을 닫고 밖에 나가지 아니함
杜詩(두시) 杜甫(두보)의 詩(시)
杜絶(두절) 막히고 끊어짐

02-012 欄 난간 **란**

획수: **21** 부수: **木**　　　　　　　　　　　　>>> 형성문자

木 + 闌(란)

欄干(난간) 층계, 마루, 다리 따위의 가장자리를 일정한 높이로 막은 물건
空欄(공란) 일정한 紙面(지면)에서 글자를 쓰지 않은 빈칸

02-013 梁 들보 **량**

획수: **11** 부수: **木**　　　　　　　　　　　　>>> 형성문자

木 + 水 + 刅(창) (→ 刅의 전음이 음을 나타냄)

梁上君子(양상군자) 들보위의 군자
　　　　　　❶ '도둑'을 이름
　　　　　　❷ '쥐'의 비유
橋梁(교량) 다리
棟梁(동량) ❶ 마룻대와 들보
　　　　　❷ 집안이나 국가의 기둥이 될 만한 인물. 棟梁之材(동량지재)

02-014 樓 다락 **루**

획수: **15** 부수: **木**　　　　　　　　　　　　>>> 형성문자

木 + 婁(루)

樓閣(누각) 사방을 바라볼 수 있게 높이 지은 다락집
望樓(망루) 망을 보기 위하여 세운 높은 다락집. 望臺(망대)

02-015 枚 낱 매
획수: **8** 부수: **木**   >>> 회의문자
木 + 攴[칠 복]

枚數(매수) 장으로 세는 물건의 수효. 張數(장수)

02-016 柏 측백나무 백
획수: **9** 부수: **木**   >>> 형성문자
木 + 白(백)

松柏(송백) 소나무와 잣나무
側柏(측백) 측백나무

02-017 柄 자루 병
획수: **9** 부수: **木**   >>> 형성문자
木 + 丙(병)

權柄(권병) 권력을 잡은 신분

02-018 森 수풀 삼
획수: **12** 부수: **木**   >>> 회의문자
木 셋으로 나무가 많이 무성해있는 뜻을 나타냄

森羅萬象(삼라만상) 우주 사이에 존재하는 온갖 물건과 모든 현상
森林(삼림) 나무가 많이 우거진 곳
森嚴(삼엄) 무서우리만큼 엄숙함

02-019

桑 뽕나무 **상**

획수: **10** 부수: **木**　　　　　　　>>> 상형문자

뽕나무의 모양

桑田碧海(상전벽해) 뽕나무 밭이 변하여 푸른 바다가 됨. '세상일의 변천이 심함'을 이름

02-020

析 쪼갤 **석**

획수: **8** 부수: **木**

分析(분석) 복합된 사물을 그 요소나 성질에 따라서 가르는 일
解析(해석) 사물을 상세히 풀어서 이론적으로 연구함

02-021

柴 섶 **시**

획수: **9** 부수: **木**　　　　　　　>>> 형성문자

木 + 此(차) (→ 此의 전음이 음을 나타냄)

柴糧(시량) 땔나무와 양식
柴扉(시비) 사립문

02-022

楊 버들 **양**

획수: **13** 부수: **木**　　　　　　　>>> 형성문자

木 + 昜(양)

楊柳(양류) 버들. 버드나무
楊枝(양지) ❶ 버들가지
　　　　　　 ❷ 나무로 만든 이쑤시개

02-023

染 물들일 **염**

획수: **9** 부수: **木**　　　　　　　>>> 회의문자

木 + 水 + 九 (→ 물감 속에 아홉 번 담가 물들임의 뜻)

染料(염료) 물감
染色(염색) 염료로 물을 들임
感染(감염) 병원체가 몸에 옮음
汚染(오염) 공기, 물 등이 세균, 가스 따위의 독성에 물듦
傳染(전염) 나쁜 버릇이나 질병 등이 옮음

02-024 梧 오동나무 오
획수: **11** 부수: **木**　　　　　　　　　　　　　　　>>> 형성문자
木 + 吾(오)

梧桐(오동) 오동나무

02-025 楢 느릅나무 유
획수: **13** 부수: **木**　　　　　　　　　　　　　　　>>> 형성문자
木 + 兪

楢柳(유류) 느릅나무와 버드나무

02-026 樟 녹나무 장
획수: **15** 부수: **木**　　　　　　　　　　　　　　　>>> 형성문자
木 + 章(장)

樟腦(장뇌) 녹나무를 증류해서 얻는 희고 향기로운 結晶(결정). 향료, 방충제,
　　　　　 방취제로 쓰임

02-027 杖 지팡이 장
획수: **7** 부수: **木**　　　　　　　　　　　　　　　>>> 형성문자
木 + 丈(장)

杖刑(장형) 五刑(오형)의 하나로, 곤장으로 볼기를 치던 刑罰(형벌)
棍杖(곤장) 죄인의 볼기를 치는데 쓰던 刑具(형구)
竹杖(죽장) 대지팡이

02-028 杓 자루 표[1] / 구기 작[2]

참고) 구기: 술, 죽 등을 푸는 국자 비슷한 기구

획수: **7** 부수: **木** >>> 형성문자

木 + 勺(작)

杓子(작자) 구기

02-029 楨 광나무 정

획수: **13** 부수: **木** >>> 형성문자

木 + 貞(정)

楨幹(정간) 담을 쌓을 때 담의 양쪽 끝에 세우는 나무 기둥. '중추적 역할을
　　　　　하는 것', 또는 '근본이나 기초'의 비유

02-030 札 편지 찰

획수: **5** 부수: **木** >>> 형성문자

木 + 乙(을) (→ 乙의 전음이 음을 나타냄)

落札(낙찰) 입찰한 목적물이나 권리 따위가 자기 손에 들어옴
名札(명찰) 이름, 소속 등을 적어 달고 다니게 된 헝겊, 종이, 나무 따위의 쪽
　　　　　名牌(명패)
書札(서찰) 편지. 簡札(간찰)
入札(입찰) 경쟁 매매 계약에서, 희망자가 예정 가격을 써내는 일
牌札(패찰) 소속 부서, 성명 등을 써서 목에 거는 조그만 딱지
標札(표찰) 종이나 얇은 나뭇조각 따위로 만든 표

02-031 楚 초나라 초

획수: **13** 부수: **木** >>> 형성문자

木 + 木 + 疋(소) (→ 疋의 전음이 음을 나타냄)

苦楚(고초) 견디기 어려운 괴로움
淸楚(청초) 깨끗하고 고움

02-032 枕 베개 침

획수: **8** 부수: **木** >>> 형성문자

木 + 尤(유) (→ 尤의 전음이 음을 나타냄)

枕上(침상) ❶ 베개의 위
　　　　　❷ 잠을 자거나 누워 있을 때
起枕(기침) 잠자리에서 일어남
木枕(목침) 나무토막으로 만든 베개

02-033 標 표 표

획수: **15** 부수: **木** >>> 형성문자

木 + 票(표)

標榜(표방) 어떤 명목을 붙여서 자기주장을 내세움
標本(표본) 본보기나 표준으로 삼는 물건
標準(표준) 규범이 되는 준칙
目標(목표) 이루거나 도달하려는 대상이 되는 것
商標(상표) 상품의 표지
指標(지표) 사물을 가늠하거나 방향을 가리키는 표지

02-034 楓 단풍나무 풍

획수: **13** 부수: **木** >>> 형성문자

木 + 風(풍)

楓嶽山(풍악산) 가을철의 '金剛山(금강산)'의 異稱(이칭)
丹楓(단풍) ❶ 단풍나무
　　　　　❷ 가을철에 붉거나 누렇게 변한 나뭇잎

02-035 核 씨 핵

획수: **10** 부수: **木** >>> 형성문자

木 + 亥(해) (→ 亥의 전음이 음을 나타냄)

核武器(핵무기) 핵에너지를 이용한 여러 가지 무기
核心(핵심) ❶ 사물의 중심이 되는 요긴한 부분
　　　　 ❷ 과실의 씨
細胞核(세포핵) 세포의 원형질 속에 있는 둥근 小體(소체)

02-036　杏 살구 행

획수: **7** 부수: **木**　　　　　　　　　　　　　>>> 형성문자

木 + 向(향)　(→ 向의 생략형의 전음이 음을 나타냄)

杏壇(행단) 은행나무 단. 學問(학문)을 닦거나 가르치는 곳. 孔子(공자)가 행단에
　　　서 학문을 가르쳤다는 고사에서 온 말
杏林(행림) ❶ 살구나무 숲
　　　 ❷ '醫員(의원)'의 美稱(미칭)

02-037　桓 굳셀 환

획수: **10** 부수: **木**　　　　　　　　　　　　>>> 형성문자

木 + 亘(환)

盤桓(반환) ❶ 머뭇거리며 그 자리를 떠나지 않음
　　　 ❷ 집 따위가 넓고 큼

02-038　橫 가로 횡¹ / 사나울 횡²

획수: **16** 부수: **木**　　　　　　　　　　　　>>> 형성문자

木 + 黃(황)　(→ 黃의 전음이 음을 나타냄)

橫斷(횡단) 가로 지나감
橫領(횡령) 남의 물건을 제멋대로 가로채거나 불법으로 가짐
橫死(횡사) 非命(비명)으로 죽음
橫說竪說(횡설수설) 조리가 없는 말을 되는대로 지껄임
橫暴(횡포) 난폭함
專橫(전횡) 權勢(권세)를 오로지하여 제 마음대로 함

02-039 架 시렁 가

획수: **9** 부수: **木** >>> 형성문자

木 + 加(가)

架空(가공) / **架橋**(가교) / **架設**(가설) / **高架**(고가) / **書架**(서가)

02-040 檢 조사할 검

획수: **17** 부수: **木** >>> 형성문자

木 + 僉(첨) (→ 僉의 전음이 음을 나타냄)

檢查(검사) / **檢索**(검색) / **檢閱**(검열) / **檢證**(검증) / **檢討**(검토) / **點檢**(점검)

02-041 格 격식 **격**¹ / 그칠 **각**²

획수: **10** 부수: **木** >>> 형성문자

木 + 各(각)

格式(격식) / **格言**(격언) / **格調**(격조) / **主格**(주격) / **品格**(품격) / **合格**(합격)

02-042 械 기구 계

획수: **11** 부수: **木** >>> 형성문자

木 + 戒(계)

器械(기계) / **機械**(기계)

02-043 構 얽을 구

획수: **14** 부수: **木** >>> 형성문자

木 + 冓(구)

構圖(구도) / **構想**(구상) / **構成**(구성) / **構造**(구조) / **機構**(기구) / **虛構**(허구)

02-044 權 권세 권

획수: **22** 부수: **木**　　　　　　　　　>>> 형성문자

木 + 雚(관) (→ 雚의 전음이 음을 나타냄)

權利(권리) / **權威**(권위) / **權益**(권익) / **權限**(권한) / **大權**(대권) / **執權**(집권)

02-045 橋 다리 교

획수: **16** 부수: **木**　　　　　　　　　>>> 형성문자

木 + 喬(교)

橋脚(교각) / **橋頭堡**(교두보) / **橋梁**(교량) / **架橋**(가교) / **浮橋**(부교)

02-046 極 다할 극

획수: **13** 부수: **木**　　　　　　　　　>>> 형성문자

木 + 亟(극)

極端(극단) / **極甚**(극심) / **極惡無道**(극악무도) / **極盡**(극진) / **窮極**(궁극) / **北極**(북극)

02-047 機 베틀 기

획수: **16** 부수: **木**　　　　　　　　　>>> 형성문자

木 + 幾(기)

機械(기계) / **機敏**(기민) / **機密**(기밀) / **機會**(기회) / **失機**(실기) / **轉機**(전기)

02-048 柳 버들 류

획수: **9** 부수: **木**　　　　　　　　　>>> 형성문자

木 + 卯(묘) (→ 卯의 전음이 음을 나타냄)

細柳(세류) / **楊柳**(양류)

02-049 栗 밤 률

획수: **10** 부수: **木**

>>> 상형문자

밤나무에 밤송이가 매달려 있는 모습을 본뜬 것

生栗(생률) / **棗栗**(조율)

02-050 梨 배 리

획수: **11** 부수: **木**

>>> 형성문자

木 + **利**(리)

梨花(이화)

02-051 梅 매화 매

획수: **11** 부수: **木**

>>> 형성문자

木 + **每**(매)

梅實(매실) / **梅香**(매향) / **梅花**(매화)

02-052 模 법 모

획수: **15** 부수: **木**

>>> 형성문자

木 + **莫**(모)

模倣(모방) / **模範**(모범) / **模寫**(모사) / **模擬**(모의) / **模型**(모형) / **規模**(규모)

02-053 某 아무 모

획수: **9** 부수: **木**

>>> 회의문자

甘 + **木**

(→ 본래 신 맛이 나는 열매를 뜻하였으나 '어떤 사람'이라는 뜻으로 가차됨)

某氏(모씨) / **某種**(모종) / **某處**(모처)

국어 실력으로 이어지는 수(秀) 한자: 2급 상

02-054 未 아닐 미

획수: **5** 부수: **木**

>>> 상형문자

木(목)자에 가지가 하나 더 있는 모습이다

未開(미개) / 未達(미달) / 未備(미비) / 未熟(미숙) / 未時(미시) / 未婚(미혼)

02-055 杯 잔 배

획수: **8** 부수: **木**

>>> 형성문자

木 + 不(불) (→ 不의 전음이 음을 나타냄)

乾杯(건배) / 苦杯(고배) / 祝杯(축배)

02-056. 査 조사할 사

획수: **9** 부수: **木**

>>> 형성문자

木 + 且(차) (→ 且의 전음이 음을 나타냄)

査閱(사열) / 査定(사정) / 査察(사찰) / 檢査(검사) / 審査(심사)

02-057 松 소나무 송

획수: **8** 부수: **木**

>>> 형성문자

木 + 公(공) (→ 公의 전음이 음을 나타냄)

松林(송림) / 松津(송진) / 老松(노송)

02-058 束 묶을 속

획수: **7** 부수: **木**

>>> 회의문자

木 + 口 (감아서 묶은 모양 → 나무의 묶음을 나타냄)

束縛(속박) / 束手無策(속수무책) / 結束(결속) / 拘束(구속) / 團束(단속) / 約束(약속)

02-059 案 책상 **안**
획수: **10** 부수: **木**　　　　　　　　>>> 형성문자
木 + 安(안)

案件(안건) / **勘案**(감안) / **擧案齊眉**(거안제미) / **考案**(고안) / **提案**(제안) /
懸案(현안)

02-060 樣 모양 **양**
획수: **15** 부수: **木**　　　　　　　　>>> 형성문자
木 + 羕(양)

樣相(양상) / **多樣**(다양) / **貌樣**(모양)

02-061 榮 영화 **영**
획수: **14** 부수: **木**　　　　　　　　>>> 형성문자
木 + 熒(형) (→ 熒의 생략형의 전음이 음을 나타냄)

榮枯盛衰(영고성쇠) / **榮光**(영광) / **榮辱**(영욕) / **榮華**(영화) / **共榮**(공영) /
虛榮(허영)

02-062 枉 굽을 **왕**
획수: **8** 부수: **木**　　　　　　　　>>> 형성문자
木 + 王(왕)

枉臨(왕림) / **枉法**(왕법)

02-063 材 재목 **재**
획수: **7** 부수: **木**　　　　　　　　>>> 형성문자
木 + 才(재)

材料(재료) / **材木**(재목) / **材質**(재질) / **素材**(소재) / **人材**(인재) / **資材**(자재)

02-064 栽 심을 재

획수: **10** 부수: **木**

木 + 戈(재)

>>> 형성문자

栽培(재배) / 盆栽(분재)

02-065 條 가지 조

획수: **11** 부수: **木**

木 + 攸(유) (→ 攸의 전음이 음을 나타냄)

>>> 형성문자

條件(조건) / 條例(조례) / 條目(조목) / 條文(조문) / 信條(신조)

02-066 朱 붉을 주

획수: **6** 부수: **木**

木(목)의 중간에 '一'을 그어 '나무의 줄기'를 표시함

>>> 지사문자

朱紅(주홍) / 朱黃(주황) / 印朱(인주)

02-067 株 그루 주

획수: **10** 부수: **木**

木 + 朱(주)

>>> 형성문자

株價(주가) / 株式(주식) / 守株(수주)

02-068 枝 가지 지

획수: **7** 부수: **木**

木 + 支(지) (→ 支의 전음이 음을 나타냄)

>>> 형성문자

枝葉(지엽) / 剪枝(전지)

板 널조각 **판**

획수: **8** 부수: **木** >>> 형성문자

木 + 反(반) (→ 反의 전음이 음을 나타냄)

板刻(판각) / **板木**(판목) / **板本**(판본) / **看板**(간판) / **木板**(목판) / **懸板**(현판)

034

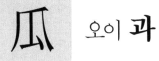

오이 **과**

덩굴에 매달려 있는 오이를 표현한 글자이다.

2급

02-085 瓜 오이 **과**

획수: **5** 부수: 瓜 >>> 상형문자

瓜年(과년) ❶ 여자가 혼기에 이른 나이. 곧, 16세
❷ 벼슬의 임기가 다한 해

瓜田不納履(과전불납리) 참외밭에서는 신을 고쳐 신지 말라. '남에게 의심받을 일은 하지 말라'는 뜻

101

035 禾 벼 화

곡물과 관련된 동작에서 비롯된 뜻을 지닌다.

2급

02-086

稻 벼 도

획수: **15** 부수: **禾**   >>> 형성문자

禾 + 舀(요) (→ 舀의 전음이 음을 나타냄)

稻熱病(도열병) 잘 자란 벼의 줄기와 잎에 흰 점이 생기면서 이삭이 돋아나
　　　　　　　 지 않게 되는 병
稻作(도작) 벼농사
立稻先賣(입도선매) 채 여물지 않은 벼를 논에 서 있는 채로 미리 팖

02-087

秉 잡을 병

획수: **8** 부수: **禾**   >>> 회의문자

禾 + 크 (→ 벼를 손으로 잡고 있음을 나타냄)

秉權(병권) 권력을 잡음

02-088

程 법 정

획수: **12** 부수: **禾**   >>> 형성문자

禾 + 呈(정)

程度(정도) 알맞은 한도
工程(공정) 작업이 되어 가는 정도
過程(과정) 일이 되어가는 경로
規程(규정) 조목을 나누어 정한 사무 집행상의 준칙

里程標(이정표) 거리를 적어 세운 푯말. 距離標(거리표)

日程(일정) ❶ 그날에 할 일, 또는 그 차례

　　　　❷ 그날 하루에 가야 할 道程(도정)

02-089 **稙** 올벼 **직**

획수: **13** 부수: **禾**

>>> 형성문자

禾 + 直(직)

稙禾(직화) 일찍 심은 벼

02-090 **秦** 진나라 **진**

획수: **10** 부수: **禾**

>>> 회의문자

禾 + 舂[석양]의 생략형

先秦(선진) 秦(진)나라 시황제 이전의 시대

02-091 **秒** 초 **초**[1] / 까끄라기 **묘**[2]

획수: **9** 부수: **禾**

>>> 형성문자

禾 + 少(소) (→ 少의 전음이 음을 나타냄)

初速(초속) 1초 동안 물체가 운동하는 속도

秒針(초침) 초를 가리키는 시곗바늘

分秒(분초) 분과 초. '아주 짧은 시간'을 이름

02-092 **稚** 어릴 **치**

획수: **13** 부수: **禾**

>>> 형성문자

禾 + 隹(추) (→ 隹의 전음이 음을 나타냄)

稚氣(치기) 어린애 같은, 유치하고 철없는 기분이나 감정

稚魚(치어) 어린 물고기

稚拙(치졸) 유치하고 졸렬함

幼稚(유치) ❶ 나이가 어림

　　　　❷ 지식이나 기술 따위의 수준이 낮음

02-093 禾 벼 화

획수: **5** 부수: **禾**　　　　　　　　　　　　　　　>>> 상형문자

벼가 익어 고개를 숙인 모양을 그린 것

禾穀(화곡) ❶ 벼
　　　　　 ❷ 곡식

02-094 穫 거둘 확

획수: **19** 부수: **禾**　　　　　　　　　　　　　　>>> 형성문자

禾 + 蒦(확)

收穫(수확) 곡식을 거두어들임
秋穫(추확) 가을걷이. 秋收(추수)

02-095 稀 드물 희

획수: **12** 부수: **禾**　　　　　　　　　　　　　　>>> 형성문자

禾 + 希(희)

稀貴(희귀) 드물어서 매우 진귀함
稀代(희대) 世上(세상)에 드문 일
稀微(희미) 분명하지 못하고 어렴풋함
稀薄(희박) 일의 가망이 적음
稀少(희소) 드물고 적음
古稀(고희) '70세'를 이름

3, 4급

02-096 稿 볏짚 고

획수: **15** 부수: **禾**　　　　　　　　　　　　　　>>> 형성문자

禾 + 高(고)

稿料(고료) / **寄稿**(기고) / **原稿**(원고) / **拙稿**(졸고) / **脫稿**(탈고)

02-097 穀 곡식 곡

획수: **15** 부수: **禾**　　　　　　　　　　　　　　>>> 형성문자

禾 + 𣪊(곡)의 생략형

穀類(곡류) / **穀物**(곡물) / **穀雨**(곡우) / **穀倉**(곡창) / **糧穀**(양곡) /
五穀百果(오곡백과)

02-098 私 사사 사

획수: **7** 부수: **禾**　　　　　　　　　　　　　　>>> 형성문자

禾 + 厶(사)

私見(사견) / **私立**(사립) / **私費**(사비) / **私心**(사심) / **私慾**(사욕) / **公私**(공사)

02-099 稅 세금 세

획수: **12** 부수: **禾**　　　　　　　　　　　　　　>>> 형성문자

禾 + 兌(태) (→ 兌의 전음이 음을 나타냄)

稅金(세금) / **稅務**(세무) / **關稅**(관세) / **納稅**(납세) / **免稅**(면세) / **脫稅**(탈세)

02-100 秀 빼어날 수

획수: **7** 부수: **禾**　　　　　　　　　　　　　　>>> 형성문자

禾 + 乃(내) (→ 乃의 전음이 음을 나타냄)

秀麗(수려) / **秀才**(수재) / **優秀**(우수) / **俊秀**(준수)

02-101 移 옮길 이

획수: **11** 부수: **禾**　　　　　　　　　　　　　　>>> 형성문자

禾 + 多(다) (→ 多의 전음이 음을 나타냄)

移動(이동) / **移植**(이식) / **移秧**(이앙) / **移籍**(이적) / **移轉**(이전) / **推移**(추이)

02-102 積 쌓을 적

획수: **16** 부수: **禾** 　　　　　　　　　　　>>> 형성문자

禾 + 責(책) (→ 責의 전음이 음을 나타냄)

積金(적금) / 積雪(적설) / 積載(적재) / 積滯(적체) / 累積(누적) / 山積(산적)

02-103 租 구실 조

획수: **10** 부수: **禾** 　　　　　　　　　　　>>> 형성문자

禾 + 且(저) (→ 且의 전음이 음을 나타냄)

租稅(조세) / 租借(조차) / 賭租(도조)

02-104 種 씨 종¹ / 심을 종²

획수: **14** 부수: **禾** 　　　　　　　　　　　>>> 형성문자

禾 + 重(중) (→ 重의 전음이 음을 나타냄)

種類(종류) / 種別(종별) / 種子(종자) / 種族(종족) / 雜種(잡종) / 播種(파종)

02-105 秩 차례 질

획수: **10** 부수: **禾** 　　　　　　　　　　　>>> 형성문자

禾 + 失(실) (→ 失의 전음이 음을 나타냄)

秩序(질서)

02-106 稱 일컬을 칭¹ / 저울 칭²

획수: **14** 부수: **禾** 　　　　　　　　　　　>>> 형성문자

禾 + 再(칭)

稱量(칭량) / 稱頌(칭송) / 稱讚(칭찬) / 稱號(칭호) / 愛稱(애칭) / 尊稱(존칭)

036

竹 대 죽 대죽머리

대나무를 표현한 글자이다.
대의 가느다란 두 줄기에 잎이 붙은 형태로 나타냈다.

2급

02-109

簡 편지 간

획수: **18** 부수: **竹**　　　　　　　　　>>> 형성문자

竹 + 間(간)

簡潔(간결) 간단하고 깔끔함
簡單(간단) 간략하고 단순함
簡略(간략) 간단하고 단출함
簡素(간소) 간략하고 수수함
簡便(간편) 간단하고 편리함
書簡(서간) 편지. 書翰(서한)

02-110

箇 낱 개

획수: **14** 부수: **竹**　　　　　　　　　>>> 형성문자

竹 + 固(고) (→ 固의 전음이 음을 나타냄)

箇箇(개개) 하나하나. 낱낱
箇數(개수) 한 개 두 개로 세는 물건의 수효

02-111

筋 힘줄 근

획수: **12** 부수: **竹**　　　　　　　　　>>> 회의문자

竹 + 力 + 月[살] (→ 몸속의 힘줄의 뜻)

筋力(근력) 근육의 힘. 체력
筋肉(근육) 힘줄과 살. 힘살
鐵筋(철근) 콘크리트 속에 박아 뼈대로 삼는 쇠막대

02-112

篤 도타울 독

획수: **16** 부수: **竹** >>> 형성문자

竹(죽)의 전음이 음을 나타냄

篤實(독실) 열성적이고 진실함
篤學(독학) 독실하게 공부함
敦篤(돈독) 인정이 도타움
危篤(위독) 병세가 매우 위중하여 목숨이 위태로움

02-113

籠 대그릇 롱

획수: **22** 부수: **竹** >>> 형성문자

竹 + 龍(룡) (→ 龍의 전음이 음을 나타냄)

籠球(농구) 다섯 사람씩 두 편으로 나뉘어 공을 상대편 바스켓에 던져 넣어
　　　　　득점을 겨루는 경기
籠絡(농락) ❶ 포괄함
　　　　　❷ 교묘한 수단으로 남을 속여 마음대로 이용함
籠城(농성) ❶ 성문을 굳게 닫고 지킴
　　　　　❷ 어떠한 목적을 달성하기 위하여 한곳에 틀어박혀 버티는 일

02-114

薄 얇을 박

획수: **17** 부수: **竹** >>> 형성문자

竹 + 溥(박)

薄福(박복) 복이 적거나 없음
薄俸(박봉) 적은 월급
薄氷(박빙) 얇은 얼음. '근소한 차이'의 비유
薄情(박정) 인정이 적음

輕薄(경박) 언행이 경솔하고 천박함

瘠薄(척박) 땅이 메마름

02-115 **符** 부신 **부**

획수: **11** 부수: **竹**　　　　　　　　　　　　　>>> 형성문자

竹 + 付(부)

符信(부신) 둘로 쪼개어 서로 나누어 가졌다가 뒷날에 서로 맞추어서 증거로
　　　　삼던 물건

符籍(부적) 악귀나 잡신을 쫓고 재앙을 물리치기 위하여 벽에 붙이거나 몸에
　　　　지니는, 야릇한 붉은색의 글자나 그림을 그린 종이

符節(부절) 돌이나 대나무로 만든 信標(신표). 지난날, 사신이 지니던 것으
　　　　로, 둘로 쪼개어 하나는 조정에 보관하고 다른 하나를 신표로 가
　　　　졌음

符號(부호) 어떤 뜻을 나타내는 기호

02-116 **箱** 상자 **상**

획수: **15** 부수: **竹**　　　　　　　　　　　　　>>> 형성문자

竹 + 相(상)

箱子(상자) 물건을 넣어 두기 위하여 나무, 종이 따위로 만든 그릇

02-117 **筍** 죽순 **순**

획수: **12** 부수: **竹**　　　　　　　　　　　　　>>> 형성문자

竹 + 旬(순)

石筍(석순) 물에 녹은 석회암이 천장에서 떨어지면서 죽순 모양으로 굳은
　　　　암석

竹筍(죽순) 대나무의 어리고 연한 싹

02-118 箸 젓가락 **저**

획수: **15** 부수: **竹** >>> 형성문자

竹 + 者(자) (→ 者의 전음이 음을 나타냄)

匙箸(시저) 숟가락과 젓가락

02-119 笛 피리 **적**

획수: **11** 부수: **竹** >>> 형성문자

竹 + 由(유) (→ 由의 전음이 음을 나타냄)

警笛(경적) 위험을 알리거나 주의를 환기시키기 위하여 울리는 고동
鼓笛隊(고적대) 북과 피리로 이루어진 行進用(행진용)의 음악대
汽笛(기적) 기차, 기선(汽船) 등의 신호 장치, 또는 그것으로 내는 소리

3, 4급

02-120 管 대롱 **관**

획수: **14** 부수: **竹** >>> 형성문자

竹 + 官(관)

管理(관리) / **管掌**(관장) / **管鮑之交**(관포지교) / **管轄**(관할) / **主管**(주관) /
血管(혈관)

02-121 範 법 **범**

획수: **15** 부수: **竹** >>> 형성문자

車 + 范(범) (→ 范의 생략형이 음을 나타냄)

範圍(범위) / **範疇**(범주) / **模範**(모범) / **師範**(사범) / **示範**(시범)

02-122 算 셈할 **산**¹ / 산가지 **산**²

획수: **14** 부수: **竹** >>> 회의문자

竹 + 具(구) (→ 대나무 가지로 숫자를 맞춘다는 뜻)

算數(산수) / 算定(산정) / 算出(산출) / 暗算(암산) / 精算(정산)

02-123

笑 웃을 소

획수: **10** 부수: **竹**

>>> 형성문자

竹 + 夭(요) (→ 夭의 전음이 음을 나타냄)

談笑(담소) / 微笑(미소) / 嘲笑(조소) / 爆笑(폭소)

02-124

籍 문서 적

획수: **20** 부수: **竹**

>>> 형성문자

竹 + 耤(적)

國籍(국적) / 史籍(사적) / 書籍(서적) / 地籍(지적) / 學籍(학적) / 戶籍(호적)

02-125

節 마디 절

획수: **15** 부수: **竹**

>>> 형성문자

竹 + 卽(즉) (→ 卽의 전음이 음을 나타냄)

節減(절감) / 節槪(절개) / 節約(절약) / 節制(절제) / 季節(계절) / 禮節(예절)

02-126

策 꾀 책

획수: **12** 부수: **竹**

>>> 형성문자

竹 + 朿(자) (→ 朿의 전음이 음을 나타냄)

策動(책동) / 策略(책략) / 計策(계책) / 妙策(묘책) / 祕策(비책) / 散策(산책)

02-127

築 쌓을 축

획수: **16** 부수: **竹**

>>> 형성문자

竹 + 筑(축)

築臺(축대) / 築城(축성) / 築造(축조) / 建築(건축) / 增築(증축)

02-128 篇 책 편

획수: **15** 부수: **竹**　　　　　　　　　　　　　　>>> 형성문자

竹 + 扁(편)

玉篇(옥편) / 長篇(장편) / 千篇一律(천편일률)

02-129 筆 붓 필

획수: **12** 부수: **竹**　　　　　　　　　　　　　　>>> 회의문자

竹 + 聿[율; 손에 붓을 쥔 모양의 상형]

筆力(필력) / 筆寫(필사) / 筆順(필순) / 筆跡(필적) / 一筆揮之(일필휘지) / 絶筆(절필)

037

米 쌀 미

벼이삭을 표현한 글자이다. 이삭에 쌀이 되는 벼의 낱알이 양쪽에 나란히 달린 모습이 나타나있다.

2급

02-134

糖 사탕 **당**

획수: **16** 부수: **米**　　　　　　　　　　　　　　>>> 형성문자

米 + 唐(당)

糖尿病(당뇨병) 오줌에 당분이 많이 포함되어 나오는 병
糖分(당분) 사탕질의 성분
砂糖(사탕/사당) 사탕수수를 원료로 하는 감미료
製糖(제당) 설탕을 만듦

02-135

粒 낱알 **립**

획수: **11** 부수: **米**　　　　　　　　　　　　　　>>> 형성문자

米 + 立(립)

粒子(입자) 아주 작은 알갱이

02-136

粟 조 **속**

획수: **12** 부수: **米**　　　　　　　　　　　　　　>>> 회의문자

米 + 卤[열매] (→ 이삭에서 타작한 낱알의 뜻)

粟米(속미) ❶ 조와 쌀
　　　　　 ❷ 겉껍질을 쓿지 않은 벼

滄海一粟(창해일속) 넓은 바다에 던져진 한 알의 좁쌀. '매우 작음', 또는 '보잘것없는 존재'의 비유

02-137 粹 순수할 **수**

획수: **14** 부수: **米**   >>> 형성문자

米 + 卒(졸) (→ 卒의 전음이 음을 나타냄)

純粹(순수) ❶ 조금도 잡것이 섞이지 아니함
　　　　　 ❷ 마음에 邪念(사념)이나 사욕이 없음
精粹(정수) 가장 순수한 것

02-138 粧 단장할 **장**

획수: **12** 부수: **米**   >>> 형성문자

米 + 庄(장)

粧飾(장식) 단장을 하여 꾸밈, 또는 그 꾸밈새
丹粧(단장) ❶ 얼굴을 곱게 꾸밈. 化粧(화장)
　　　　　 ❷ 사물을 곱게 꾸밈
治粧(치장) 매만져서 잘 꾸미거나 모양을 냄

3, 4급

02-139 糧 양식 **량**

획수: **18** 부수: **米**   >>> 형성문자

米 + 量(량)

糧穀(양곡) / 糧食(양식) / 軍糧(군량)

02-140 米 쌀 **미**

획수: **6** 부수: **米**   >>> 상형문자

米壽(미수) / 米飮(미음) / 精米(정미) / 玄米(현미)

02-141 粉 가루 분

획수: **10** 부수: **米**　　　　　　　　　　　　　>>> 형성문자

米 + 分(분)

粉骨碎身(분골쇄신) / **粉末**(분말) / **分碎**(분쇄) / **粉食**(분식) / **粉塵**(분진) /
花粉(화분)

02-142 精 자세할 정

획수: **14** 부수: **米**　　　　　　　　　　　　　>>> 형성문자

米 + 靑(청) (→ 靑의 전음이 음을 나타냄)

精潔(정결) / **精讀**(정독) / **精密**(정밀) / **精選**(정선) / **精銳**(정예) / **精通**(정통)

풀 **초**

 초두

두 포기의 풀을 표현한 글자이다.
艸자가 글자에 덧붙여질 때는 艹 의 형태로 변화되어 쓰인다.

2급

02-143 **葛** 칡 **갈**
획수: **13** 부수: 艹 　　　　　　　　　　　　　>>> 형성문자
艹 + 曷(갈)

葛巾(갈건) 葛布(갈포)로 만든 두건
葛根(갈근) 칡뿌리
葛藤(갈등) 칡덩굴과 등나무 덩굴. '사물이 복잡하게 뒤얽힘', 또는 '정신 내부
　　　　의 두 가지 욕구가 충돌하는 상태'를 이름

02-144 **蓋** 덮을 **개**¹ / 어찌아니할 **합**²
획수: **14** 부수: 艹 　　　　　　　　　　　　　>>> 형성문자
艹 + 盍(합)

蓋然(개연) 확실하지 못하나, 그럴 것으로 추측됨
覆蓋(복개) ❶ 뚜껑. 덮개
　　　　　　❷ 뚜껑을 덮음

02-145 **菓** 과실 **과**
획수: **12** 부수: 艹 　　　　　　　　　　　　　>>> 형성문자
艹 + 果(과)

菓子(과자) 밀가루, 쌀가루, 설탕 따위로 만든 식품
茶菓(다과) 차와 과자. 또는 과일
製菓(제과) 과자를 만듦

02-146

菊 국화 국

획수: **12** 부수: ⁺⁺

>>> 형성문자

⁺⁺ + 匊(국)

菊花(국화) 국화과의 다년초

02-147

萄 포도 도

획수: **12** 부수: ⁺⁺

>>> 형성문자

⁺⁺ + 匋(도)

葡萄(포도) 포도나무의 열매

02-148

藤 등나무 등

획수: **19** 부수: ⁺⁺

>>> 형성문자

⁺⁺ + 滕(등)

藤架(등가) 등나무 덩굴을 올리게 된 시렁

02-149

蘭 난초 란

획수: **21** 부수: ⁺⁺

>> 형성문자

⁺⁺ + 闌(란)

蘭交(난교) 뜻이 맞는 친밀한 사람들의 사귐. 金蘭之交(금란지교)
蘭草(난초) 난초과의 다년초

02-150

藍 쪽 람

획수: **18** 부수: ⁺⁺

>>> 형성문자

⁺⁺ + 監(감) (→ 監의 전음이 음을 나타냄)

襤褸(남루) ❶ 해진 옷. 누더기
　　　　　❷ 옷이 해지고 때가 묻어 더러움

02-151 萊 명아주 **래**
획수: **12** 부수: ⁺⁺ 　　　　　　　　　　　>>> 형성문자
⁺⁺ + 來(래)

萊蕪(내무) 잡초가 우거진 황무지
萊蒸(내증) 명아주 잎을 찐 것. '거친 음식'을 이름

02-152 蘆 갈대 **로**

획수: **20** 부수: ⁺⁺ 　　　　　　　　　　　>>> 형성문자
⁺⁺ + 盧(로)

蘆笛(노적) 갈대 잎을 말아서 만든 피리. 蘆管(노관)
蘆花(노화) 갈대꽃

02-153 茫 아득할 **망**

획수: **10** 부수: ⁺⁺ 　　　　　　　　　　　>>> 형성문자
⁺⁺ + 汒(망)

茫漠(망막) 그지없이 아득한 모양
茫茫(망망) 먼 모양. 끝없는 모양
亡羊(망양) 한없이 넓고 멂
茫然自失(망연자실) 넋이 나간 듯이 멍함
滄茫(창망) 끝없이 넓고 아득함

02-154 蔑 업신여길 **멸**
획수: **15** 부수: ⁺⁺ 　　　　　　　　　　　>>> 형성문자

苜[눈이 바르지 않음] + 伐(벌) (→ 伐의 전음이 음을 나타냄)

蔑視(멸시) 업신여김. 깔봄
輕蔑(경멸) 남을 깔보고 업신여김
凌蔑(능멸) 업신여겨 깔봄

02-155 **茅** 띠 모
획수: **9** 부수: **艹**   >>> 형성문자
艹 + 矛(모)

茅舍(모사) 띠로 지붕을 인 보잘것없는 집. 茅屋(모옥)

02-156 **蒙** 어릴 몽
획수: **14** 부수: **艹**   >>> 형성문자
艹 + 冡(몽)

蒙昧(몽매) 사리에 어둡고 어리석음
啓蒙(계몽) 어린아이나 무지한 사람을 깨우쳐 줌

02-157 **苗** 모 묘
획수: **9** 부수: **艹**   >>> 회의문자
艹 + 田[밭] (→ 논에 나는 벼의 모)

苗木(묘목) 모종할 어린 나무
種苗(종묘) 식물의 씨나 싹을 심어 가꿈, 또는 그 가꾼 씨나 싹

02-158 **蔘** 삼 삼
획수: **15** 부수: **艹**   >>> 형성문자
艹 + 參(삼)

山蔘(산삼) 깊은 산속에 저절로 나서 자란 인삼
人蔘(인삼) 두릅나뭇과의 다년초
海蔘(해삼) 해삼강 극피동물의 총칭

02-159 薜 나라이름 설

획수: **13** 부수: ⺋

⺋ + 辟(설)

>>> 형성문자

02-160 蘇 깨어날 소

획수: **20** 부수: ⺋

⺋ + 穌(소)

>>> 형성문자

蘇復(소복) 원기가 회복됨, 또는 원기가 회복되게 함
蘇生(소생) 다시 살아남

02-161 筍 풀이름 순

획수: **10** 부수: ⺋

⺋ + 旬(순)

>>> 형성문자

02-162 芽 싹 아

획수: **8** 부수: ⺋

⺋ + 牙(아)

>>> 형성문자

萌芽(맹아) 새싹
麥芽(맥아) 보리에 물을 부어 싹을 내어 말린 것. 엿기름
發芽(발아) 싹이 틈. 芽生(아생)

02-163 苑 동산 원

획수: **9** 부수: ⺋

⺋ + 夗(원)

>>> 형성문자

文苑(문원) 문학인들의 사회. 문학계. 文壇(문단)
祕苑(비원) 대궐 안에 있는 동산. 禁苑(금원)

02-164 蔚 풀이름 울[1] / 제비쑥 위[2]

획수: **15** 부수: 艹

>>> 형성문자

艹 + 尉(위)

蔚藍(울람) 짙은 쪽빛
蔚興(위흥) 성하게 일어남

02-165 藏 감출 장[1] / 곳집 장[2]

획수: **14** 부수: 艹

>>> 형성문자

艹 + 臧(장)

02-166 莊 장중할 **장**

획수: **11** 부수: 艹

>>> 형성문자

艹 + 壯(장)

莊嚴(장엄) 씩씩하고 엄숙함
莊重(장중) 장엄하고 정중함

02-167 葬 장사 **장**

획수: **11** 부수: 艹

>>> 회의문자

茻[무성한 풀] + 死[죽을 사]
상하(上下)의 풀 사이에 시체를 놓은 모양

葬禮(장례) 장사 지내는 의식
葬事(장사) 예를 갖추어 시신을 묻거나 화장하는 일
葬地(장지) 장사할 땅
國葬(국장) 國費(국비)로 지내는 葬禮(장례)
埋葬(매장) 시체를 땅에 묻음
合葬(합장) 夫婦(부부)의 시체를 한 무덤 안에 장사 지내는 일

02-168 蔣 줄 **장**

획수: **15** 부수: ⺾   >>> 형성문자

⺾ + 將(장)

蔣茅(장모) 포아풀과의 다년생 수초

02-169 蒸 찔 **증**

획수: **14** 부수: ⺾   >>> 형성문자

⺾ + 烝(증)

蒸氣(증기) 액체나 고체가 증발 또는 승화하여 생긴 기체
蒸溜(증류) 액체를 끓여 생긴 증기를 식힌 후 다시 液化(액화)하여 분리 또는
            精製(정제)를 함
蒸發(증발) 액체나 고체가 그 표면에서 氣化(기화)함

02-170 芝 지초 **지**

획수: **8** 부수: ⺾   >>> 형성문자

⺾ + 之(지)

芝蘭(지란) ❶ 芝草(지초)와 蘭草(난초)
            ❷ '善人(선인) 또는 君子(군자)'의 비유
芝草(지초) ❶ 지칫과의 다년초. 지치
            ❷ 帽菌類(모균류)에 딸린 버섯. 靈芝(영지)

02-171 蒼 푸를 **창**

획수: **14** 부수: ⺾   >>> 형성문자

⺾ + 倉(창)

蒼空(창공) 푸른 하늘. 蒼天(창천)
蒼白(창백) ❶ 푸른 기를 띤 흰빛
            ❷ 얼굴빛이 해쓱함
蒼生(창생) ❶ 초목이 무성하게 우거짐
            ❷ 모든 백성. 蒼氓(창맹)

국어 실력으로 이어지는 수(秀) 한자: 2급 상

02-172 蔡 나라이름 **채**

획수: **15** 부수: ⺾ >>> 형성문자

⺾ + 祭(제) (→ 祭의 전음이 음을 나타냄)

02-173 薦 천거할 **천**

획수: **17** 부수: ⺾ >>> 회의문자

⺾ + 廌[외뿔양] (→ 본래 짐승이 먹는 풀을 뜻하였다)

薦擧(천거) 사람을 어떤 자리에 쓰도록 추천함
推薦(추천) 인재를 천거함

02-174 蓄 쌓을 **축**

획수: **14** 부수: ⺾ >>> 형성문자

⺾ + 畜(축)

蓄財(축재) 재물을 모아 쌓음
蓄積(축적) 많이 모아서 쌓아 둠
備蓄(비축) 미리 모아 둠
貯蓄(저축) 아껴서 모아 둠
含蓄(함축) ❶ 깊이 간직하여 드러나지 아니함
❷ 풍부한 내용이나 깊은 뜻이 들어있음

02-175 蔽 가릴 **폐**

획수: **16** 부수: ⺾ >>> 형성문자

⺾ + 敝(폐)

蔽一言(폐일언) 한마디 말로 휩싸서 말함. 한마디로 말하면
掩蔽(엄폐) 보이지 않도록 가려 숨김

02-176 葡 포도 **포**

획수: **13** 부수: ⺾ >>> 형성문자

⁺⁺ + 葡(포)

葡萄(포도) 포도나무의 열매
葡萄糖(포도당) 단맛이 나는 즙 속에 포함되어 있는 당분의 한 가지

02-177　荷　연 하¹ / 질 하²
획수: **11** 부수: ⁺⁺　　　　　　　　　　　　　　　　>>> 형성문자
⁺⁺ + 何(하)

荷重(하중) ❶ 짐의 무게
　　　　　　❷ 구조물 등이 받고 견딜 수 있는 무게
負荷(부하) ❶ 짐을 짐, 또는 그 짐
　　　　　　❷ 책임을 떠맡음
集荷(집하) 하물을 한군데로 모음
出荷(출하) ❶ 荷物(하물)을 실어 냄
　　　　　　❷ 상품을 시장으로 실어 냄

02-178　荒　거칠 황
획수: **10** 부수: ⁺⁺　　　　　　　　　　　　　　　　>>> 형성문자
⁺⁺ 巟(황)

荒唐無稽(황당무계) 언행이 터무니없고 허황하며 헤아림이 없음
荒涼(황량) 황폐하여 쓸쓸함
荒蕪地(황무지) 손을 대지 않고 버려 두어 거칠어진 땅
荒野(황야) 거친 들판
荒廢(황폐) 버려 두어 못 쓰게 됨
虛荒(허황) 거짓되고 근거가 없음

02-179　薰　향기 훈
획수: **18** 부수: ⁺⁺　　　　　　　　　　　　　　　　>>> 형성문자
⁺⁺ + 熏(훈)

薰育(훈육) 훈도하여 기름

薰風(훈풍) 남쪽에서 불어오는 온화한 바람

薰薰(훈훈) ❶ 화평하고 기쁜 모양

❷ 훈기가 나는 모양. 따뜻한 모양

3, 4급

02-180 **苟** 진실로 구

획수: **9** 부수: 艹 　　　　　　　　　　　　　>>> 형성문자

艹 + 句(구)

苟且(구차)

02-181 **菌** 버섯 균

획수: **12** 부수: 艹 　　　　　　　　　　　　>>> 형성문자

艹 + 囷(균)

菌類(균류) / 病菌(병균) / 殺菌(살균) / 細菌(세균)

02-182 **茶** 차 다

획수: **10** 부수: 艹 　　　　　　　　　　　　>>> 형성문자

艹 + 余(여) (→ 余의 생략형의 전음이 음을 나타냄)

茶菓(다과) / 茶道(다도) / 茶禮(차례) / 綠茶(녹차) / 恒茶飯事(항다반사)

02-183 **落** 떨어질 락

획수: **13** 부수: 艹 　　　　　　　　　　　　>>> 형성문자

艹 + 洛(락)

落膽(낙담) / 落島(낙도) / 落選(낙선) / 落第(낙제) / 落後(낙후) / 村落(촌락)

02-184 莫 없을 **막**¹ / 저물 **모**²
획수: **11** 부수: ⺾   >>> 회의문자

芔[초원] + 日[해] (→ 초원에 해가 짐의 뜻)

莫强(막강) / 莫大(막대) / 莫上莫下(막상막하) / 莫甚(막심) / 莫逆(막역) / 莫重(막중)

02-185 茂 무성할 **무**
획수: **9** 부수: ⺾   >>> 형성문자

⺾ + 戊(무)

茂盛(무성)

02-186 薄 얇을 **박**
획수: **17** 부수: ⺾   >>> 형성문자

⺾ + 溥(박)

薄待(박대) / 薄德(박덕) / 薄命(박명) / 薄福(박복) / 輕薄(경박) / 野薄(야박)

02-187 芳 꽃다울 **방**
획수: **8** 부수: ⺾   >>> 형성문자

⺾ + 方(방)

芳年(방년) / 芳香(방향) / 流芳百世(유방백세)

02-188 蔬 나물 **소**
획수: **15** 부수: ⺾   >>> 형성문자

⺾ + 疏(소)

蔬飯(소반)

02-189 若 같을 약[1] / 땅이름 야[2]

획수: **9** 부수: ⺾ >>> 회의문자

⺾ + 右[오른손]

萬若(만약)

02-190 葉 잎 엽[1] / 성 섭[2]

획수: **13** 부수: ⺾ >>> 형성문자

⺾ + 枼(엽)

葉書(엽서) / 金枝玉葉(금지옥엽) / 落葉(낙엽) / 枝葉(지엽) / 初葉(초엽)

02-191 蓮 연 련

획수: **15** 부수: ⺾ >>> 형성문자

⺾ + 連(련)

蓮根(연근) / 蓮花(연화)

02-192 藝 재주 예

획수: **19** 부수: ⺾ >>> 회의문자

藝能(예능) / 藝術(예술) / 曲藝(곡예) / 文藝(문예)

02-193 著 나타날 저[1] / 붙을 착[2]

획수: **13** 부수: ⺾

著名(저명) / 著書(저서) / 著述(저술) / 著者(저자) / 共著(공저) / 顯著(현저)

02-194 菜 나물 채

획수: **12** 부수: ⺾ >>> 형성문자

⺾ + 采(채)

菜食(채식) / 菜蔬(채소) / 生菜(생채) / 野菜(야채)

02-195

華 빛날 **화**

획수: **12** 부수: **艹**   >>> 회의문자

艹 + 垂[늘어짐] (→ 꽃이 늘어져 있는 모양)

華麗(화려) / 華燭(화촉) / 榮華(영화) / 中華(중화) / 豪華(호화)

040

麥 보리 맥

보리를 표현한 글자이다.

3, 4급

02-202

麥 보리 맥

획수: **11** 부수: **麥**   >>> 회의문자

來[보리의 모양] + 夂[발]

麥飯(맥반) / **麥秀之嘆**(맥수지탄) / **麥芽**(맥아) / **麥酒**(맥주) / **大麥**(대맥) /
小麥(소맥)

041

麻 삼 마

껍질이 벗겨진 두 그루의 삼이 집안에 있는 모양을 표현한 글자이다.

3, 4급

02-203

麻 삼 마

획수: **11** 부수: **麻**   >>> 회의문자

广[집] + 林[껍질을 벗긴 삼] (→ 집안에서 삼 껍질을 벗긴다는 뜻)

麻袋(마대) / **大麻**(대마)

043

乙 새 을

초목(草木)이 굽어서 나는 모양을 표현한 글자이다.

02-204

乞 빌 걸

획수: **3** 부수: **乙**　　　　　　　　　　　>>> 가차문자

气의 생략자로 열망하는 뜻으로 차용함

乞食(걸식) 음식을 남에게 빌어먹음
乞神(걸신) 빌어먹는 귀신. '음식을 지나치게 탐하는 일'의 비유
求乞(구걸) 남에게 돈, 물건을 빌어서 얻음
哀乞(애걸) 애처롭게 사정하여 빎

3, 4급

02-205

乾 하늘 건¹ / 마를 건²

획수: **11** 부수: **乙**　　　　　　　　　　　>>> 형성문자

乙 + 倝(간) (→ 倝의 전음이 음을 나타냄)

乾坤一擲(건곤일척) / **乾卦**(건괘) / **乾杯**(건배) / **乾性**(건성) / **乾燥**(건조)

02-206

亂 어지러울 란

획수: **13** 부수: **乙**　　　　　　　　　　　>>> 회의문자

𤔔[엉클어진 실을 풀고 있는 모양] + 乙[풀어 정리함]

亂局(난국) / **亂立**(난립) / **亂世**(난세) / **亂暴**(난폭) / **戰亂**(전란) / **避亂**(피란)

02-207 也 어조사 **야**

획수: **3** 부수: **乙** >>> 가차문자

뱀의 상형. 음을 빌어 어조사로 사용

02-208 乳 젖 **유**

획수: **8** 부수: **乙** >>> 상형문자

어머니가 아이를 품에 안고 젖을 먹이는 모습

乳母(유모) / **乳房**(유방) / **乳兒**(유아) / **粉乳**(분유) / **牛乳**(우유)

02-209 乙 새 **을**

획수: **1** 부수: **乙** >>> 상형문자

이른 봄에 초목의 싹이 트려할 때, 추위 때문에 웅크리고 있는 모양

乙時(을시) / **甲男乙女**(갑남을녀)

044

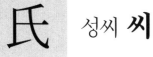

氏 성씨 **씨**

나무의 뿌리를 그린 것으로, 파생되어 한 혈통에서 나온 종족과 관련하여 그 뜻이 성씨가 된 것으로 보인다.

3, 4급

02-211

氏 성씨 **씨**

획수: **4** 부수: **氏**

>>> 상형문자

氏族(씨족) / **伏羲氏**(복희씨) / **姓氏**(성씨)

046 片 조각 편

나무의 한가운데를 세로로 잘랐을 때에 그 오른쪽 반 조각을 표현한 글자이다.

3, 4급

02-213 版 판목 **판**
획수: **8** 부수: **片**　　　　　　　　　　　　　　　>>> 형성문자

片 + 反(반) (→ 反의 전음이 음을 나타냄)

板權(판권) / **版圖**(판도) / **初版**(초판) / **出版**(출판)

02-214 片 조각 **편**
획수: **4** 부수: **片**　　　　　　　　　　　　　　　>>> 상형문자

片道(편도) / **片紙**(편지) / **斷片**(단편) / **一片丹心**(일편단심) / **破片**(파편)

047

生 날 생

땅위로 초목의 싹이 움터나는 모습을 표현한 글자이다.

3, 4급

02-215

産 낳을 산

획수: **11** 부수: **生**　　　　　　　　　　　　　　　>>> 형성문자

生 + 彦(언) (→ 彦의 생략형의 전음이 음을 나타냄)

産苦(산고) / **産室**(산실) / **産婆**(산파) / **財産**(재산) / **破産**(파산)

02-216

生 날 생

획수: **5** 부수: **生**　　　　　　　　　　　　　　　　>>> 상형문자

生面不知(생면부지) / **生命**(생명) / **生産**(생산) / **生存**(생존) / **生活**(생활) / **出生**(출생)

048 靑 푸를 청

땅 위로 싹이 움터나는 풀과 우물이 서로 어우러진 모습을 표현한 글자이다.

3, 4급

02-217 靜 고요할 정

획수: **16** 부수: **靑**   >>> 형성문자

靑 + 爭(쟁) (→ 爭의 전음이 음을 나타냄)

靜脈(정맥) / **靜物**(정물) / **靜肅**(정숙) / **靜寂**(정적) / **動靜**(동정) / **鎭靜**(진정)

049

香 향기 향

곡물과 그릇이 어우러진 모습을 표현한 글자이다.

3, 4급

02-219

香 향기 **향**

획수: **9** 부수: **香**   >>> 회의문자

黍[기장] + 甘[달 감] (→ 기장을 삶을 때의 향기로움의 뜻)

香氣(향기) / **香料**(향료) / **香水**(향수) / **芳香**(방향)

050

齊 가지런할 제

사람이 길러서 가지런히 자란 곡물을 표현한 글자이다.

3, 4급

02-220   **齊** 가지런할 제¹ / 상복 재² / 재계할 재³
획수: **14** 부수: **齊**   >>> 상형문자
곡물의 이삭이 가지런히 돋은 모양을 본뜸

齊家(제가) / **齊唱**(제창) / **整齊**(정제)

제3장
사람 관련 부수

전신

사람 **인** 인변

051

서있는 사람을 옆에서 본 모습을 본 뜬 글자이다.
人자가 다른 글자의 좌측에 사용될때는 亻의 형태로 쓰이는데 '인변'이라
한다.

2급

03-001

伽 절 가
획수: **7** 부수: **人**　　　　　　　　　　　　　　　　>>> 형성문자
亻 + 加(가)

伽倻(가야) 우리나라 고대 부족 국가의 하나
僧伽(승가) ❶ 佛道(불도)를 닦는 사람들의 집단
　　　　　 ❷ 중

03-002

傀 꼭두각시 괴¹ / 기이할 괴²
획수: **12** 부수: **人**　　　　　　　　　　　　　　　>>> 형성문자
亻 + 鬼(귀) (→ 鬼의 전음이 음을 나타냄)

傀奇(괴기) 기이함, 또는 그런 물건
傀儡(괴뢰) ❶ 꼭두각시. 허수아비
　　　　　 ❷ 남의 앞잡이로 이용당하는 사람

03-003

僑 객지에 살 교
획수: **14** 부수: **人**　　　　　　　　　　　　　　　>>> 형성문자
亻 + 喬(교)

僑胞(교포) 외국에 거주하는 同胞(동포). 僑民(교민)

華僑(화교) 중국 본토 이외의 나라에 거주하는 중국인

03-004 **仇** 원수 구

획수: **4** 부수: **人**　　　　　　　　　　　　　　>>> 형성문자

亻 + 九(구)

仇怨(구원) 원한
仇恨(구한) ❶ 원한
　　　　　❷ 원수

03-005 **俱** 함께 구

획수: **10** 부수: **人**　　　　　　　　　　　>>> 형성문자

亻 + 具(구)

俱現(구현) 일정한 내용이 구체적 사실로 나타남, 또는 나타나게 함

03-006 **倦** 게으를 권

획수: **10** 부수: **人**　　　　　　　　　　　>>> 형성문자

亻 + 卷(권)

倦怠(권태) ❶ 게으름이나 싫증
　　　　　❷ 심신이 피로하여 나른함

03-007 **僅** 겨우 근

획수: **13** 부수: **人**　　　　　　　　　　　>>> 형성문자

亻 + 堇(근)

僅僅(근근) 겨우. 간신히
僅少(근소) 아주 적음. 조금. 약간

03-008 侶 짝 **려**

획수: **9** 부수: **人**   >>> 형성문자

亻 + 呂(려)

伴侶(반려) 짝이 되는 친구
僧侶(승려) 불도를 닦는 사람. 중

03-009 僚 동료 **료**

획수: **14** 부수: **人**   >>> 형성문자

亻 + 寮(료)

閣僚(각료) 內閣(내각)을 구성하는 各部(각부)의 장관
官僚(관료) 정치적 영향력이 있는 고급 관리
同僚(동료) 같은 기관이나 부문에서 함께 일하는 사람

03-010 侮 업신여길 **모**

획수: **9** 부수: **人**   >>> 형성문자

亻 + 每(매) (→ 每의 전음이 음을 나타냄)

侮蔑(모멸) 업신여기어 깔봄
侮辱(모욕) 깔보아서 욕보임
受侮(수모) 남에게 모욕을 당함

03-011 伴 짝 **반**

획수: **7** 부수: **人**   >>> 형성문자

亻 + 半(반)

伴侶(반려) 짝이 되는 친구
伴奏(반주) 노래나 기악에 맞추어 다른 악기로 보조하는 연주
同伴(동반) 함께 가거나 옴
隨伴(수반) ❶ 붙좇아서 따름
　　　　　　 ❷ 어떤 일과 함께 일어나거나 나타남

국어 실력으로 이어지는 수(秀) 한자: 2급 상

03-012 傍 곁 **방**

획수: **12** 부수: **人**　　　　　　　　　>>> 형성문자

亻 + 旁(방)

傍系(방계) 直系(직계)에서 갈라져 나온 계통
傍觀(방관) 그 일에 관계하지 않고 곁에서 보고만 있음
傍聽(방청) 회의, 공판, 방송 등을 옆에서 들음

03-013 倣 본받을 **방**

획수: **10** 부수: **人**　　　　　　　　　>>> 형성문자

亻 + 放(방)

模倣(모방) 다른 것을 본뜨거나 본받음

03-014 俳 광대 **배**

획수: **10** 부수: **人**　　　　　　　　　>>> 형성문자

亻 + 非(비) (→ 非의 전음이 음을 나타냄)

俳優(배우) ❶ 광대
❷ 영화, 연극 따위에서 어떤 인물로 扮裝(분장)하여 公衆(공중) 앞
에서 연기를 하는 사람

03-015 伯 맏 **백**

획수: **7** 부수: **人**　　　　　　　　　>>> 형성문자

亻 + 白(백)

伯父(백부) 큰아버지. 世父(세부)
伯爵(백작) 五等爵(오등작)의 셋째로, 侯爵(후작)의 아래
伯仲叔季(백중숙계) 네 형제의 차례. '伯(백)'은 맏이, '仲(중)'은 둘째, '叔(숙)'은
셋째, '季(계)'는 막내
畫伯(화백) '畫家(화가)'의 높임말

03-016 僻 궁벽할 **벽**[1] / 성가퀴 **비**[2]

획수: **15** 부수: **人**   >>> 형성문자

イ + 辟(벽)

僻地(벽지) 궁벽한 곳. 외진 곳
僻村(벽촌) 외진 곳에 있는 마을
窮僻(궁벽) 도회지에서 멀리 떨어져서 후미지고 으슥함
偏僻(편벽) 한쪽으로 치우침

17 俸 녹 **봉**

획수: **10** 부수: **人**   >>> 형성문자

イ + 奉(봉)

俸給(봉급) 일정한 업무를 한 대가로 받는 보수
減俸(감봉) 봉급의 액수를 줄임
薄俸(박봉) 얼마 안 되는 봉급
年俸(연봉) 1년을 단위로 정한 봉급

18 似 같을 **사**

획수: **7** 부수: **人**   >>> 형성문자

イ + 以(이) (→ 以의 전음이 음을 나타냄)

似而非(사이비) 겉으로는 같아 보이나 실제로는 다름
近似(근사) ❶ 아주 비슷함
　　　　❷ 썩 그럴듯함
類似(유사) 서로 비슷함
恰似(흡사) ❶ 거의 같을 정도로 비슷함
　　　　❷ 마치

19 傘 우산 **산**

획수: **12** 부수: **人**   >> 상형문자
우산을 벌려 놓은 모양을 본뜬 글자

傘下(산하) ❶ 편 우산의 밑
　　　　　 ❷ 통일적인 기구나 조직의 기구
雨傘(우산) 비가 올 때 펴서 손에 들고 머리 위를 가리는 기구

20 # 僧 중 승
획수: **14** 부수: **人**　　　　　　　　　　　>>> 형성문자

亻 + 曾(증) (→ 曾의 전음이 음을 나타냄)

僧侶(승려) 중. 佛者(불자)
僧舞(승무) 고깔을 쓰고 장삼을 입은 차림으로 추는 춤
高僧(고승) 학덕이 높은 중

21 # 侍 모실 시
획수: **8** 부수: **人**　　　　　　　　　　　>>> 형성문자
亻 + 寺(시)

侍女(시녀) 지난날, 지체 높은 사람의 시중을 들던 여자
內侍(내시) 고려, 조선 시대에 궁중의 傳敎(전교), 守門(수문) 등의 일을 맡아보
　　　　　 던 벼슬 아치. 宦官(환관)

22 # 伸 펼 신
획수: **7** 부수: **人**　　　　　　　　　　　>>> 형성문자
亻 + 申(신)

伸張(신장) 길게 늘임
伸縮(신축) 늘고 줆. 늘이고 줄임
屈伸(굴신) 굽힘과 폄

23 # 傲 거만할 오
획수: **13** 부수: **人**　　　　　　　　　　　>>> 형성문자
亻 + 敖(오)

傲氣(오기) 남에게 지기 싫어하는 마음

傲慢(오만) 젠체하며 남을 업신여기는 태도가 있음. 倨慢(거만)

傲霜孤節(오상고절) 서릿발 속에서도 굽히지 않고 외로이 지키는 절개. '菊花
(국화)'의 비유

24 **伍** 대오 오

획수: **6** 부수: **人**　　　　　　　　　　　　　　　>>> 형성문자

亻 + 五(오)

落伍(낙오) ❶ 대열에서 뒤떨어짐

　　　　❷ 사회나 시대의 진보에 뒤떨어짐

隊伍(대오) 군대의 行伍(항오)

25 **倭** 왜나라 **왜**

획수: **10** 부수: **人**　　　　　　　　　　　　　>>> 형성문자

亻 + 委(위) (→ 委의 전음이 음을 나타냄)

倭寇(왜구) 지난날의 일본의 해적

倭亂(왜란) ❶ 왜인들이 일으킨 亂離(난리)

　　　　❷ 조선 선조 25년(1592)에 일본의 침입으로 비롯된 전란. 壬辰倭
亂(임진왜란)

倭色(왜색) 일본의 문화나 생활양식에서 풍기는 색조

倭人(왜인) 일본 사람

26 **傭** 품팔이 용

획수: **13** 부수: **人**　　　　　　　　　　　　　>>> 형성문자

亻 + 庸(용)

傭兵(용병) 보수를 주고 병사를 고용함, 또는 그 병사

雇傭(고용) 삯을 받고 일을 함

27 佑 도울 **우**

획수: **7** 부수: **人**

>> 형성문자

亻 + 右(우)

保佑(보우) 보호하고 도와줌
天佑神助(천우신조) 하늘이 돕고 神靈(신령)이 도움

28 偶 짝 **우**

획수: **11** 부수: **人**

>>> 형성문자

亻 + 禺(우)

偶發(우발) 우연히 일어남
偶像(우상) 나무, 돌 등으로 만든 사람이나 신의 형상
偶然(우연) 뜻밖에 저절로 됨, 또는 그 일
配偶(배우) 부부로서의 짝. 配匹(배필)

29 僞 거짓 **위**

획수: **14** 부수: **人**

>>> 형성문자

亻 + 爲(위)

僞善(위선) 겉으로만 착한 체함
僞裝(위장) 사실과 다르게 거짓 꾸밈, 또는 그 꾸밈새
僞造(위조) 물건이나 문서 따위의 가짜를 만듦
僞證(위증) ❶ 거짓 증거
　　　　　 ❷ 증인의 허위 진술
眞僞(진위) 참과 거짓
虛僞(허위) 거짓

30 伊 저 **이**

획수: **6** 부수: **人**

>>> 형성문자

亻 + 尹(윤) (→ 尹의 전음이 음을 나타냄)

31 偵 염탐할 **정**

획수: **11** 부수: **人**   >>> 형성문자

亻 + 貞(정)

偵察(정찰) 적의 형편을 몰래 살핌
偵探(정탐) 몰래 사정을 알아봄
探偵(탐정) 비밀 사항이나 범죄 증거를 몰래 조사함, 또는 그런 일을 하는
　　　　 사람

32 佐 도울 **좌**

획수: **7** 부수: **人**   >>> 형성문자

亻 + 左(좌)

輔佐(보좌) 자기보다 지위가 높은 사람의 일을 도와줌

33 仲 버금 **중**

획수: **6** 부수: **人**   >>> 형성문자

亻 + 中(중)

仲介(중개) 당사자 사이에 들어 일을 주선함
仲媒(중매) 혼인을 하도록 소개함, 또는 그렇게 하는 사람
仲裁(중재) 서로 다투는 사이에 들어 화해를 붙임
仲秋(중추) 가을철 석 달 중 가운데 달. 곧, 음력 8월

34 促 재촉할 **촉**

획수: **9** 부수: **人**   >>> 형성문자

亻 + 足 (→ 足의 전음이 음을 나타냄)

促急(촉급) 촉박하여 몹시 급함
促迫(촉박) 기한이 밭아서 급함
促進(촉진) 재촉하여 빨리 進行(진행)되게 함
督促(독촉) 빨리 하도록 재촉함

35

催 재촉할 **최**

획수: **13** 부수: **人**　　　　　　　　　　　>>> 형성문자

亻 + 崔(최)

催告(최고) 법률상 일정한 결과를 일으키기 위하여 상대편의 행위를 재촉하
　　　는 일
催淚(최루) 눈물을 흘리게 함
催眠(최면) 잠이 오게 함
開催(개최) 모임, 행사 따위를 엶
主催(주최) 행사, 회합 따위를 주장하여 엶

36

侈 사치할 **치**

획수: **8** 부수: **人**　　　　　　　　　　　>>> 형성문자

亻 + 多(다) (→ 多의 전음이 음을 나타냄)

奢侈(사치) 분수에 넘게 호사스러움

37

偏 치우칠 **편**

획수: **11** 부수: **人**　　　　　　　　　　　>>> 형성문자

亻 + 扁(편)

偏見(편견) 공평하지 못하고 한쪽으로 치우친 의견
偏食(편식) 입맛에 맞는 음식만을 가려 먹음
偏愛(편애) 한쪽으로 치우쳐 편벽되게 사랑함
偏重(편중) 어느 한쪽만 중히 여김
偏執(편집) 유난히 어떤 일에 집착하는 일
偏狹(편협) 도량이 좁고 치우침

38

侯 제후 **후**

획수: **9** 부수: **人**　　　　　　　　　　　>>> 회의문자

亻 + 厂[과녁 뒤의 막] + 矢[화살 시] (→ 과녁에 활을 쏘는 사람의 뜻)

侯爵(후작) 五等爵(오등작)의 둘째로, 公爵(공작)의 아래
諸侯(제후) 封建時代(봉건시대)에, 帝王(제왕)에게서 封土(봉토)를 받아 領內(영내)의 백성을 다스리던 領主(영주)

3, 4급

39

佳 아름다울 가
획수: **8** 부수: **人**　　　　　　　　　　　　>>> 형성문자
亻 + 圭(규) (→ 圭의 전음이 음을 나타냄)

佳約(가약) / **佳人薄命**(가인박명) / **佳作**(가작)

40

假 거짓 가
획수: **11** 부수: **人**　　　　　　　　　　　>>> 형성문자
亻 + 叚(하) (→ 叚의 전음이 음을 나타냄)

假令(가령) / **假說**(가설) / **假飾**(가식) / **假裝**(가장) / **假稱**(가칭)

41

價 값 가
획수: **15** 부수: **人**　　　　　　　　　　　>>> 형성문자
亻 + 賈(가)

價格(가격) / **價值**(가치) / **物價**(물가) / **時價**(시가) / **定價**(정가) / **評價**(평가)

42

介 끼일 개
획수: **4** 부수: **人**　　　　　　　　　　　　>>> 상형문자
사람이 갑옷을 입은 모습을 그린 것이다

介入(개입) / **紹介**(소개) / **仲介**(중개)

43

個 낱 개

획수: **10** 부수: **人**　　　　　　　　　　>>> 형성문자

亻 + 固(고) (→ 固의 전음이 음을 나타냄)

個別(개별) / **個性**(개성) / **個人**(개인) / **各個**(각개) / **別個**(별개)

44

件 사건 건

획수: **6** 부수: **人**　　　　　　　　　　>>> 형성문자

亻 + 牛(우) (→ 牛의 전음이 음을 나타냄)

事件(사건) / **要件**(요건) / **用件**(용건)

45

健 굳셀 건

획수: **11** 부수: **人**　　　　　　　　　　>>> 형성문자

亻 + 建(건)

健脚(건각) / **健康**(건강) / **健壯**(건장) / **健全**(건전) / **剛健**(강건) / **保健**(보건)

46

傑 뛰어날 걸

획수: **12** 부수: **人**　　　　　　　　　　>>> 형성문자

亻 + 桀(걸)

傑作(걸작) / **傑出**(걸출) / **人傑**(인걸) / **豪傑**(호걸)

47

儉 검소할 검

획수: **15** 부수: **人**　　　　　　　　　　>>> 형성문자

亻 + 僉(첨) (→ 僉의 전음이 음을 나타냄)

儉素(검소) / **儉約**(검약) / **勤儉**(근검)

48 傾 기울 **경**

획수: **13** 부수: **人**   >>> 형성문자

亻 + 頃(경)

傾國之色(경국지색) / **傾斜**(경사) / **傾注**(경주) / **傾聽**(경청) / **傾向**(경향)

49 係 맬 **계**

획수: **9** 부수: **人**   >>> 형성문자

亻 + 系(계)

關係(관계)

50 供 이바지할 **공**

획수: **8** 부수: **人**   >>> 형성문자

亻 + 共(공)

供給(공급) / **供養**(공양) / **佛供**(불공) / **提供**(제공)

51 企 꾀할 **기**

획수: **6** 부수: **人**   >>> 회의문자

亻 + 止[발돋움] (→ 발돋움하여 멀리 바라보는 뜻에서 '꾀하다'의 의미가 나옴)

企圖(기도) / **企業**(기업) / **企劃**(기획)

52 但 다만 **단**

획수: **7** 부수: **人**   >>> 형성문자

亻 + 旦(단)

但只(단지)

53 倒 넘어질 도[1] / 거꾸로 도[2]

획수: **10** 부수: **人**　　　　　　　　　　>>> 형성문자

亻 + 到(도)

倒置(도치) / **壓倒**(압도) / **顚倒**(전도) / **卒倒**(졸도) / **打倒**(타도)

54 令 명령할 령[1] / 하여금 령[2]

획수: **5** 부수: **人**　　　　　　　　　　>>> 회의문자

스[입] + 卩[꿇어앉은 사람]

사람이 꿇어앉아 신의(神意)를 듣는 모양을 나타내어 '명령하다'의 의미가
되었다

令夫人(영부인) / **令狀**(영장) / **假令**(가령) / **命令**(명령) / **法令**(법령) /
縣令(현령)

55 例 법식 례

획수: **8** 부수: **人**　　　　　　　　　　>>> 형성문자

亻 + 列(렬)　(→ 列의 전음이 음을 나타냄)

例事(예사) / **例示**(예시) / **例題**(예제) / **例證**(예증) / **慣例**(관례) / **通例**(통례)

56 倫 인륜 륜

획수: **10** 부수: **人**　　　　　　　　　　>>> 형성문자

亻 + 侖(륜)

倫理(윤리) / **人倫**(인륜) / **天倫**(천륜)

57 倍 곱 배

획수: **10** 부수: **人**　　　　　　　　　　>>> 형성문자

亻 + 咅(부)　(→ 咅의 전음이 음을 나타냄)

倍加(배가) / **倍率**(배율)

58 **伐** 칠 **벌**

획수: **6** 부수: **人** >>> 회의문자

亻 + 戈[창 과] (→ 창으로 사람의 목을 친다는 의미)

伐木(벌목) / **伐採**(벌채) / **伐草**(벌초) / **征伐**(정벌) / **討伐**(토벌)

59 **保** 지킬 **보**

획수: **9** 부수: **人** >>> 상형문자

사람이 어린 아이를 등에 업고있는 모습을 그린 것
여기에서 '기르다', '지키다'의 뜻이 나왔다

保守(보수) / **保障**(보장) / **保全**(보전) / **保證**(보증) / **擔保**(담보) / **安保**(안보)

60 **伏** 엎드릴 **복**

획수: **6** 부수: **人** >>> 회의문자

人 + 犬 (→ 개가 사람 옆에 '엎드려' 사람의 뜻을 살피는 모양)

伏兵(복병) / **伏線**(복선) / **屈伏**(굴복) / **三伏**(삼복) / **降伏**(항복)

61 **付** 줄 **부**

획수: **5** 부수: **人** >>> 회의문자

寸[손에 물건을 듦] + 人 (→ 사람에게 물건을 줌의 뜻)

付與(부여) / **付託**(부탁) / **交付**(교부)

62 **佛** 부처 **불**

획수: **7** 부수: **人** >>> 형성문자

亻 + 弗(불)

佛經(불경) / **佛徒**(불도) / **佛像**(불상) / **佛陀**(불타) / **念佛**(염불)

국어 실력으로 이어지는 수(秀) 한자: 2급 상

63 備 갖출 비

획수: **12** 부수: **人** 　　　　　　　　　　　　　　>>> 형성문자

亻 + 㒥(비)

備忘錄(비망록) / 備蓄(비축) / 對備(대비) / 防備(방비) / 守備(수비) /
裝備(장비)

64 仕 벼슬 사

획수: **5** 부수: **人** 　　　　　　　　　　　>>> 회의겸 형성문자

亻 + 士[선비 사] (→ 人과 士 모두 의미부분인데 士는 발음도 담당한다)

奉仕(봉사) / 出仕(출사)

65 使 하여금 사

획수: **8** 부수: **人** 　　　　　　　　　　　　　>>> 회의문자

亻 + 吏[관리 리] (→ 명을 받아 일을 처리하는 사람의 뜻)

使命(사명) / 使臣(사신) / 使嗾(사주) / 勞使(노사) / 密使(밀사) / 特使(특사)

66 傷 상할 상

획수: **13** 부수: **人** 　　　　　　　　　　　　　>>> 형성문자

亻 + 𥏻(상)

傷心(상심) / 傷處(상처) / 傷害(상해) / 負傷(부상) / 外傷(외상) / 重傷(중상)

67 像 형상 상

획수: **14** 부수: **人** 　　　　　　　　　　　　　>>> 형성문자

亻 + 象(상)

像形(상형) / 想像(상상) / 偶像(우상) / 肖像(초상)

68 **償** 갚을 **상**

획수: **17** 부수: **人** >>> 형성문자

亻 + 賞(상)

償還(상환) / **無償**(무상) / **賠償**(배상) / **辨償**(변상) / **補償**(보상)

69 **仙** 신선 **선**

획수: **5** 부수: **人** >>> 형성문자

亻 + 山(산) (→ 山의 전음이 음을 나타냄)

仙境(선경) / **仙女**(선녀) / **仙藥**(선약) / **仙風道骨**(선풍도골) / **詩仙**(시선) /
神仙(신선)

70 **俗** 풍속 **속**

획수: **9** 부수: **人** >>> 형성문자

亻 + 谷(곡) (→ 谷의 전음이 음을 나타냄)

俗談(속담) / **俗世**(속세) / **俗語**(속어) / **世俗**(세속) / **風俗**(풍속)

71 **修** 닦을 **수**

획수: **10** 부수: **人** >>> 형성문자

彡[터럭 삼] + 攸(유) (→ 攸의 전음이 음을 나타냄)

修道(수도) / **修鍊**(수련) / **修繕**(수선) / **修學**(수학) / **補修**(보수) / **履修**(이수)

72 **仰** 우러를 **앙**

획수: **6** 부수: **人** >>> 회의겸 형성문자

亻 + 卬(앙) (→ 卬은 고개를 쳐다본다는 의미)

仰望(앙망) / **信仰**(신앙)

73 億 억 **억**

획수: **15** 부수: **人**　　　　　　　　　　>> 형성문자

亻 + 意 (→ 意의 전음이 음을 나타냄)

億劫(억겁) / **億萬長者**(억만장자) / **億兆蒼生**(억조창생)

74 余 나 **여**

획수: **7** 부수: **人**　　　　　　　　　　>>> 상형문자

원시시대의 지상주택을 그린 상형자. 전용하여 '나'의 뜻으로 쓰인다

余等(여등)

75 優 넉넉할 **우**

획수: **17** 부수: **人**　　　　　　　　　　>>> 형성문자

亻 + 憂(우)

優待(우대) / **優良**(우량) / **優秀**(우수) / **優劣**(우열) / **優越**(우월) /
優柔不斷(우유부단)

76 偉 위대할 **위**

획수: **11** 부수: **人**　　　　　　　　　　>>> 형성문자

亻 + 韋(위)

偉大(위대) / **偉業**(위업) / **偉人**(위인)

77 儒 선비 **유**

획수: **16** 부수: **人**　　　　　　　　　　>>> 형성문자

亻 + 需(수) (→ 需의 전음이 음을 나타냄)

儒家(유가) / **儒敎**(유교) / **儒林**(유림) / **儒學**(유학)

78 依 의지할 **의**

획수: **8** 부수: **人** >>> 형성문자

亻 + 衣(의)

依據(의거) / **依然**(의연) / **依存**(의존) / **依支**(의지) / **依託**(의탁) / **歸依**(귀의)

79 儀 거동 **의**

획수: **15** 부수: **人** >>> 형성문자

亻 + 義(의)

儀禮(의례) / **儀式**(의식) / **儀仗**(의장) / **儀表**(의표) / **賻儀**(부의) / **禮儀**(예의)

80 以 써 **이**

획수: **5** 부수: **人** >>> 상형문자

원래 쟁기를 본뜬 모양이었으나 전하여 '쓰다'의 뜻을 나타냄

以來(이래) / **以實直告**(이실직고) / **以心傳心**(이심전심) / **以熱治熱**(이열치열)

81 仁 어질 **인**

획수: **4** 부수: **人** >>> 회의문자

亻 + 二[둘] (→두 사람이 친하게 지낸다는 뜻에서 어질다의 의미로 쓰임)

仁術(인술) / **仁義**(인의) / **仁慈**(인자) / **仁者無敵**(인자무적) /
仁者樂山(인자요산)

82 任 맡길 **임**

획수: **6** 부수: **人** >>> 형성문자

亻 + 壬(임)

任期(임기) / **任命**(임명) / **任務**(임무) / **放任**(방임) /
重任(중임) / **責任**(책임)

83 **低** 낮을 저

획수: **7** 부수: **人** >>> 형성문자

人 + 氏(저)

低價(저가) / **低廉**(저렴) / **低俗**(저속) / **低調**(저조) /
高低(고저) / **最低**(최저)

84 **傳** 전할 전[1] / 전기 전[2]

획수: **13** 부수: **人** >>> 형성문자

人 + 專(전)

傳記(전기) / **傳受**(전수) / **傳承**(전승) / **傳統**(전통) /
經傳(경전) / **列傳**(열전)

85 **停** 머무를 정

획수: **11** 부수: **人** >>> 형성문자

亻 + 亭(정)

停年(정년) / **停戰**(정전) / **停止**(정지) / **停滯**(정체) / **調停**(조정)

86 **俊** 준걸 준

획수: **9** 부수: **人** >>> 형성문자

亻 + 夋(준)

俊傑(준걸) / **俊秀**(준수)

87 **借** 빌릴 차

획수: **10** 부수: **人** >>> 형성문자

亻 + 昔(석) (→ 昔의 전음이 음을 나타냄)

借款(차관) / **借名**(차명) / **借用**(차용) / **借入**(차입) /
假借(가차) / **賃借**(임차)

88 **倉** 곳집 **창**

획수: **10** 부수: **人**　　　　　　　　　　　　　　>>> 상형문자

창고의 모양을 본뜸

倉庫(창고) / **穀倉**(곡창) / **船倉**(선창)

89 **債** 빚 **채**

획수: **13** 부수: **人**　　　　　　　　　　　　　　>>> 형성문자

亻 + 責(책) (→ 責의 전음이 음을 나타냄)

債券(채권) / **債權**(채권) / **債務**(채무) / **負債**(부채) / **私債**(사채)

90 **側** 곁 **측**

획수: **11** 부수: **人**　　　　　　　　　　　　　　>>> 형성문자

亻 + 則(측)

側近(측근) / **側面**(측면) / **反側**(반측) / **兩側**(양측)

91 **値** 값 **치**

획수: **10** 부수: **人**　　　　　　　　　　　　　　>>> 형성문자

人 + 直(직) (→ 直의 전음이 음을 나타냄)

價値(가치) / **數値**(수치)

92 **侵** 침노할 **침**

획수: **9** 부수: **人**　　　　　　　　　　　　　　>>> 회의문자

亻 + 又[손] + 帚[빗자루 추]
사람이 손에 빗자루를 들고 '청소하다'의 뜻
전하여 침노함의 뜻이 되었다

侵攻(침공) / **侵略**(침략) / **侵犯**(침범) / **侵入**(침입) / **侵害**(침해) / **外侵**(외침)

93 他 다를 **타**

획수: **5** 부수: **人** >>> 형성문자

亻 + 它(타) (→ 它의 변한 모양인 也가 음을 나타냄)

他界(타계) / **他山之石**(타산지석) / **他殺**(타살) / **他律**(타율) /
他意(타의) / **排他**(배타)

94 何 어찌 **하**

획수: **7** 부수: **人** >>> 형성문자

亻 + 可(가) (→ 可의 전음이 음을 나타냄)

何等(하등) / **何必**(하필) / **幾何**(기하)

95 候 철 **후**

획수: **10** 부수: **人** >>> 형성문자

亻 + 侯(후)

候補(후보) / **氣候**(기후) / **徵候**(징후)

052

大 큰대

정면을 향해 사람이 두 팔과 두 다리를 크게 벌리고 있는 모양을 표현한 글자이다.

大자 부수에 속하는 한자의 뜻은 대체로 '크다'와 관련이 있거나 사람 혹은 사람의 일과 관련이 있다.

2급

1

奎 별이름 규
획수: **9** 부수: **大**　　　　　　　　　　　　　　　　>>> 형성문자

大 + 圭(규)

奎章(규장) 임금의 글이나 글씨

2

奈 어찌 내¹ / 나락 나²
획수: **8** 부수: **大**　　　　　　　　　　　　　　　　>>> 형성문자

大 + 示 (→ 규의 전음이 음을 나타냄)

奈何(내하) 어찌
奈落(나락) 범어 'Naraka'의 音譯(음역)
　　　　❶ 지옥
　　　　❷ 구원할 수 없는 마음의 구렁텅이

3

奮 떨칠 분
획수: **16** 부수: **大**　　　　　　　　　　　　　　　　>>> 회의문자

奞[새가 홰침] + 田[밭 전]
새가 밭에서 날아오르려고 홰치는 모양. 전하여 분기함의 뜻이 됨

奮怒(분노) 분하여 몹시 성냄

奮發(분발) 마음을 단단히 먹고 기운을 내어 일어남. 發奮(발분)
奮戰(분전) 힘껏 싸움
奮鬪(분투) 힘을 다하여 싸움
激奮(격분) 몹시 흥분함
興奮(흥분) 감정이 북받침, 또는 그 감정

4

奢 사치 **사**

획수: **12** 부수: **大**　　　　　　　　　　　　　　　>>> 형성문자

大 + 者(자) (→ 者의 전음이 음을 나타냄)

奢侈(사치) 지나치게 호사스러움
豪奢(호사) 대단한 사치
華奢(화사) ❶ 화려하고 사치스러움
　　　　　　❷ 밝고 환함

5

奭 클 **석**

획수: **15** 부수: **大**　　　　　　　　　　　　　　　>>> 회의문자

大 + 皕

大는 사람을 본 뜬 모양. '皕(벽)'은 사람의 양측에서 활활 타는 불의 형상으로, '성(盛)하다', '크다'의 뜻을 나타냄

6

夭 일찍죽을 **요**

획수: **4** 부수: **大**　　　　　　　　　　　　　　　>>> 지사문자

사람이 연약하게 목을 숙이고 있는 모양. 요절의 뜻을 나타낸다

夭折(요절) 젊어서 일찍 죽음

7

夷 오랑캐 **이**

획수: **6** 부수: **大**　　　　　　　　　　　　　　　>>> 회의문자

大[사람] + 弓[활 궁] (→ 활을 든 사람의 뜻)

東夷(동이) 동쪽 오랑캐. 중국 사람들이 그들의 동쪽에 사는 이민족을 일컫 던 말

洋夷(양이) 서양 오랑캐. '서양 사람'의 卑稱(비칭)

8 奏 아뢸 주

획수: **9** 부수: **大**　　　　　　　　　　　　　　　>>> 회의문자

무성한 풀을 양손에 받들어 신전에 바치는 모양을 나타냄

奏請(주청) 임금에게 아뢰어 청함

伴奏(반주) 성악, 기악의 연주에 맞추어 다른 악기로 보조적으로 연주하 는 일

演奏(연주) 여러 사람 앞에서 악기로 음악을 들려 줌

9 奪 빼앗을 **탈**

획수: **14** 부수: **大**　　　　　　　　　　　　　　>>> 회의문자

奞[새가 홰침] + 寸[손]

새가 손에서 도망침. 전하여 '빼앗다'의 뜻을 나타냄

奪取(탈취) 남의 것을 억지로 빼앗아 가짐

奪還(탈환) 빼앗긴 것을 도로 찾음

强奪(강탈) 강제로 빼앗음

剝奪(박탈) 지위, 자격 등을 권력이나 힘으로 빼앗음

掠奪(약탈) 暴力(폭력)으로 남의 것을 빼앗음

10 奚 어찌 **해**

획수: **10** 부수: **大**　　　　　　　　　　　　　　>>> 형성문자

大 + 幺[머리] + 爪[손]

사람[大]의 땋은 머리[幺]를 손[爪]으로 잡아당기는 모습

'어찌'라는 뜻은 뒤에 가차된 것이다

奚故(해고) 무슨 까닭

국어 실력으로 이어지는 수(秀) 한자: 2급 상

11 契 맺을 **계**
획수: **9** 부수: **大**　　　　　　　　　　>>> 회의문자
大 + 㓞[부절] (→ 큰 부절의 뜻)

契機(계기) / **契約**(계약)

12 奇 기이할 **기**
획수: **8** 부수: **大**　　　　　　　　　　>>> 형성문자
大 + 可(가) (→ 可의 전음이 음을 나타냄)

奇怪(기괴) / **奇想天外**(기상천외) / **奇異**(기이) / **奇蹟**(기적) / **神奇**(신기) /
珍奇(진기)

13 奉 받들 **봉**
획수: **8** 부수: **大**　　　　　　　　　　>>> 형성문자
手[손 수] + 廾[받들 공] + 丰(봉) (→ 두 손으로 공손히 받들다의 의미)

奉仕(봉사) / **奉養**(봉양) / **奉獻**(봉헌) / **信奉**(신봉)

14 奔 달아날 **분**
획수: **8** 부수: **大**　　　　　　　　　　>>> 형성문자
大 + 卉(훼) (→ 卉의 전음이 음을 나타냄)

奔走(분주) / **狂奔**(광분) / **東奔西走**(동분서주)

15 央 가운데 **앙**
획수: **5** 부수: **大**　　　　　　　　　　>>> 회의문자
大[사람] + 冂
양쪽 끝에 물건을 매달아 놓은 막대기 가운데에 있는 사람을 본뜸

中央(중앙)

女 계집 녀

두 손을 교차하여 무릎에 올려두고 다소곳이 꿇어앉은 여자를 표현한
글자이다.

女자 부수에 속하는 한자는 여자의 신분 또는 여자의 모양새나 역할과
관련된 뜻을 지닌다.

2급

1

奸 범할 간¹ / 간사할 간²
획수: **6** 부수: **女**

奸計(간계) 간사한 꾀. **奸謀**(간모)
奸邪(간사) 성질이 능갈치고 행실이 바르지 못함
奸臣(간신) 간사한 신하
奸惡(간악) 간사하고 악독함
弄奸(농간) 간사한 꾀를 써서 남을 속이거나 잘못되게 함

2

姜 성 강
획수: **9** 부수: **女**   >>> 형성문자
女 + 羊(양) (→ 羊의 전음이 음을 나타냄)

3

娩 해산할 만
획수: **10** 부수: **女**   >>> 형성문자
女 + 免(면) (→ 免의 전음이 음을 나타냄)

分娩(분만) 아이를 낳음. **解娩**(해만). **解産**(해산)

4 媒 중매 매

획수: **12** 부수: **女**   >>> 형성문자

女 + 某(모) (→ 某의 전음이 음을 나타냄)

媒介(매개) 양편의 중간에 서서 관계를 맺어 줌
媒體(매체) 어떤 일을 전달하는 데 媒介(매개)가 되는 물체
仲媒(중매) 兩家(양가) 사이에 들어 혼인을 어울리게 하는 일
觸媒(촉매) 다른 물질의 반응을 촉진하거나 지연시키게 하는 물질

5 婢 계집종 비

획수: **11** 부수: **女**   >>> 형성문자

女 + 卑(비)

婢僕(비복) 계집종과 사내종
奴婢(노비) 사내종과 계집종

6 妃 왕비 비

획수: **6** 부수: **女**   >>> 형성문자

女 + 己(기) (→ 己의 전음이 음을 나타냄)

王妃(왕비) 임금의 아내. 王后(왕후). 后妃(후비)
廢妃(폐비) 왕비의 자리에서 물러나게 함, 또는 그 왕비

7 媤 시집 시

획수: **12** 부수: **女**   >>> 형성문자

女 + 思(사) (→ 思의 전음이 음을 나타냄)

媤家(시가) 남편의 집안. 시집
媤宅(시댁) '媤家(시가)'의 높임말

8 **娠** 아이밸 **신**

획수: **10** 부수: **女**　　　　　　　　　　　　　　　　>>> 형성문자

女 + 辰(진) (→ 辰의 전음이 음을 나타냄)

妊娠(임신) 아이를 뱀. 잉태함

9 **孃** 계집애 **양**

획수: **20** 부수: **女**　　　　　　　　　　　　　　　　>>> 형성문자

女 + 襄(양)

令孃(영양) '남의 딸'의 존칭

10 **姸** 고울 **연**

획수: **9** 부수: **女**　　　　　　　　　　　　　　　　>>> 형성문자

女 + 幵(견) (→ 幵의 전음이 음을 나타냄)

姸艷(연염) 몹시 아름다움. 요염함

11 **娛** 즐거워할 **오**

획수: **10** 부수: **女**　　　　　　　　　　　　　　　　>>> 형성문자

女 + 吳(오)

娛樂(오락) 즐겁게 노는 놀이

12 **姚** 예쁠 **요**

획수: **9** 부수: **女**　　　　　　　　　　　　　　　　>>> 형성문자

女 + 兆(조) (→ 兆의 전음이 음을 나타냄)

姚冶(요야) 용모가 아름다움

13

妖 요망할 **요**

획수: **9** 부수: **女**　　　　　　　　　　　　　>>> 형성문자

女 + 夭(요)

妖怪(요괴) ❶ 요사스럽고 괴이함

❷ 사람을 해롭게 하는 요사한 귀신

妖妄(요망) 요사스럽고 방정맞음

妖邪(요사) 요망스럽고 간사함

妖術(요술) 사람의 눈을 속여 이상한 일을 나타내 보이는 *方術*(방술). *魔術*(마술)

妖艶(요염) 사람을 호릴 만큼 몹시 아리따움

妖精(요정) 서양의 신화나 전설에 나오는 깜찍한 모습의 정령

14

媛 예쁠 **원**

획수: **12** 부수: **女**　　　　　　　　　　　　>>> 형성문자

女 + 爰(원)

才媛(재원) 재주가 많은 아가씨

15

姨 이모 **이**

획수: **9** 부수: **女**　　　　　　　　　　　　　>>> 형성문자

女 + 夷(이)

姨母(이모) 어머니의 姉妹(자매)

姨從(이종) 이모의 자녀

16

妊 아이밸 **임**

획수: **7** 부수: **女**　　　　　　　　　　　　　>>> 형성문자

女 + 任(임)

妊産(임산) 아이를 배고 낳는 일

妊娠(임신) 아이를 뱀. 懷妊(회임)

避妊(피임) 인위적으로 임신을 피함

17 嫌 싫어할 **혐**

획수: **13** 부수: **女** >>> 형성문자

女 + 兼(겸) (→ 兼의 전음이 음을 나타냄)

嫌惡(혐오) 싫어하고 미워함
嫌疑(혐의) ❶ 꺼리고 미워함
　　　　　❷ 범죄를 저지른 사실이 있으리라는 의심

18 姬 계집 **희**

획수: **9** 부수: **女** >>> 형성문자

女 + 匝(이) (→ 匝의 전음이 음을 나타냄)

舞姬(무희) 춤추는 일을 업으로 삼는 여자

19 嬉 즐길 **희**

획수: **15** 부수: **女** >>> 형성문자

女 + 喜(희)

嬉遊(희유) 즐기며 놂

3, 4급

20 姦 간음할 **간**

획수: **9** 부수: **女** >>> 회의문자
女 셋을 합해서 여자의 악(惡)함을 뜻함

姦淫(간음) / **姦通**(간통) / **强姦**(강간)

21 姑 시어미 **고**

획수: **8** 부수: **女** >>> 형성문자
女 + 古(고)

姑母(고모) / **姑婦**(고부) / **姑息**(고식)

22 娘 각시 **낭**

획수: **10** 부수: **女**　　　　　　　　　　　　　　>>> 형성문자

女 + 良(량) (→ 良의 전음이 음을 나타냄)

娘子(낭자)

23 奴 종 **노**

획수: **5** 부수: **女**　　　　　　　　　　　　　　>>> 회의문자

女 + 又[손] (→ 일을 하는 여자, 즉 종을 뜻하나 나중에 주로 남자에게 쓰임)

奴婢(노비) / 奴隷(노예) / 官奴(관노) / 守錢奴(수전노)

24 妄 망령될 **망**

획수: **6** 부수: **女**　　　　　　　　　　　　　　>>> 형성문자

女 + 亡(망)

妄發(망발) / 妄想(망상) / 妄言(망언) / 輕妄(경망) / 妖妄(요망) / 虛妄(허망)

25 妹 손아래누이 **매**

획수: **8** 부수: **女**　　　　　　　　　　　　　　>>> 형성문자

女 + 未(미) (→ 未의 전음이 음을 나타냄)

妹兄(매형) / 男妹(남매)

26 妙 묘할 **묘**

획수: **7** 부수: **女**　　　　　　　　　　　　　　>>> 형성문자

女 + 少(소) (→ 少의 전음이 음을 나타냄)

妙妓(묘기) / 妙案(묘안) / 妙策(묘책) / 巧妙(교묘) / 微妙(미묘) / 絶妙(절묘)

27 妨 방해할 **방**

획수: **7** 부수: **女**　　　　　　　　　　　　>>> 형성문자

女 + 方(방)

妨害(방해) / 無妨(무방)

28 婦 며느리 **부**

획수: **11** 부수: **女**　　　　　　　　　　　　>>> 회의문자

女 + 帚[비] (→ 집안에서 청소하는 여자. 즉, 며느리를 뜻함)

婦人(부인) / 姑婦(고부) / 寡婦(과부) / 夫婦(부부) / 新婦(신부)

29 如 같을 **여**

획수: **6** 부수: **女**　　　　　　　　　　　　>>> 형성문자

口[입 구] + 女(녀) (→ 口는 '신에게 빌다'의 뜻. 전하여 조사로 쓰임)

如反掌(여반장) / 缺如(결여) / 或如(혹여)

30 委 맡길 **위**[1] / 쌓일 **위**[2]

획수: **8** 부수: **女**　　　　　　　　　　　　>>> 회의문자

女 + 禾[벼 화]

본래 '구부러지다'의 뜻인데 벼가 익어 숙인 모습에서 비롯되었다

委員(위원) / 委任(위임) / 委託(위탁)

31 威 위엄 **위**

획수: **9** 부수: **女**　　　　　　　　　　　　>>> 형성문자

女 + 戌(술) (→ 戌의 전음이 음을 나타냄)

威力(위력) / 威勢(위세) / 威信(위신) / 威嚴(위엄) / 偉容(위용) /
威風堂堂(위풍당당)

32 姻 혼인 **인**

획수: **9** 부수: **女**　　　　　　　　　　　>>> 형성문자

女 + 因(인)

姻戚(인척) / **婚姻**(혼인)

33 姉 누이 **자**

획수: **8** 부수: **女**　　　　　　　　　　　>>> 형성문자

女 + 朿(지) (→ 朿의 전음이 음을 나타냄)

姉妹(자매)

34 姿 맵시 **자**

획수: **9** 부수: **女**　　　　　　　　　　　>>> 형성문자

女 + 次(차) (→ 次의 전음이 음을 나타냄)

姿勢(자세) / **姿態**(자태)

35 姪 조카 **질**

획수: **9** 부수: **女**　　　　　　　　　　　>>> 형성문자

女 + 至(지) (→ 至의 전음이 음을 나타냄)

姪女(질녀) / **姪婦**(질부)

36 妻 아내 **처**¹ / 시집보낼 **처**²

획수: **8** 부수: **女**　　　　　　　　　　　>>> 회의문자

女 + 又[손] + 一 (→ 여자가 손[又]으로 머리에 비녀[一]를 꽂는 모습이다)

妻家(처가) / **妻男**(처남) / **妻子**(처자) / **妻弟**(처제) / **本妻**(본처)

37

妾 첩 **첩**

획수: **8** 부수: **女** >>> 회의문자

辛[죄] + 女 (→ 옛날에 죄 있는 여자를 종으로 삼음을 일컬음)

愛妾(애첩)

38

妥 온당할 **타**

획수: **7** 부수: **女** >>> 회의문자

爪[손] + 女 (→ 여자를 손으로 눌러 진정시킴의 의미)

妥結(타결) / **妥當**(타당) / **妥協**(타협)

39

好 좋을 **호**[1] / 좋아할 **호**[2]

획수: **6** 부수: **女** >>> 회의문자

女 + 子 (→ 젊은 여자의 아름다움을 나타냄)

好感(호감) / **好事多魔**(호사다마) / **好衣好食**(호의호식) / **好轉**(호전) /
嗜好(기호) / **友好**(우호)

40

婚 혼인할 **혼**

획수: **11** 부수: **女** >>> 회의문자

女 + 昏[저녁] (→ 예전에 결혼식은 저녁에 행해졌다고 한다)

婚談(혼담) / **婚禮**(혼례) / **婚姻**(혼인) / **新婚**(신혼) / **離婚**(이혼) / **再婚**(재혼)

국어 실력으로 이어지는 수(秀) 한자: 2급 상

054

子 아들 자

큰 머리에 두 팔과 다리가 있는 아이를 표현한 글자이다.
子자 부수에 속하는 한자는 대체로 아이의 행동이나 상태 등과 관계된
뜻을 지닌다.

전신

2급

1

孰 누구 숙
획수: **11** 부수: **子**   >>> 회의문자
享[삶은 것] + 丮[양손으로 듦]

孰能禦之(숙능어지) 누가 능히 막으랴. '막아 내기 어려움'의 뜻

3, 4급

2

季 계절 계
획수: **8** 부수: **子**   >>> 회의문자
禾[벼 화] + 子 (→ '어린 벼'를 뜻한다)

季刊(계간) / **季節**(계절) / **四季**(사계) / **夏季**(하계)

3

孤 외로울 고
획수: **8** 부수: **子**   >>> 형성문자
子 + 瓜(과) (→ 瓜의 전음이 음을 나타냄)

孤軍奮鬪(고군분투) / **孤島**(고도) / **孤獨**(고독) / **孤立**(고립) / **孤兒**(고아) /
孤掌難鳴(고장난명)

4 孔 구멍 공

획수: **4** 부수: **子** >>> 지사문자

子 + し[유방] (→ 젖이 나오는 구멍의 뜻을 나타냄)

孔孟(공맹) / **氣孔**(기공) / **瞳孔**(동공)

5 孟 맏 **맹**[1] / 맹랑할 **맹**[2]

획수: **8** 부수: **子** >>> 형성문자

子 + 皿(명) (→ 皿의 전음이 음을 나타냄)

孟浪(맹랑) / **孟母三遷**(맹모삼천) / **孟仲叔季**(맹중숙계)

6 存 있을 존

획수: **6** 부수: **子** >>> 형성문자

子 + 才(재) (→ 才의 전음이 음을 나타냄)

存立(존립) / **存亡之秋**(존망지추) / **存在**(존재) / **存廢**(존폐) / **保存**(보존) / **現存**(현존)

056 比 견줄 **비**

오른쪽을 향해 두 사람이 나란히 서서 서로 견주는 모습을 표현한 글자이다.

2급

1 毘 도울 **비**

획수: **9** 부수: **比**　　　　　　　　　　　　　>>> 형성문자

田 + 比(비)

毘輔(비보) 도와서 모자람을 채움
茶毘(다비) 범어 'Jhapita'의 음역. 불교에서, '火葬(화장)'을 이름

3, 4급

2 比 견줄 **비**

획수: **4** 부수: **比**　　　　　　　　　　　　　>>> 상형문자

두 사람이 나란히 서 있는 모양

比較(비교) / **比例**(비례) / **比率**(비율) / **比重**(비중) / **對比**(대비) / **櫛比**(즐비)

057

立 설 립

사람이 땅 위에 서있는 모습을 표현한 글자이다.
立자를 부수로 삼는 한자는 대체로 사람이 서 있거나 물체가 세워져 있는 상황과 관련이 있다.

2급

1

竟 마침내 경

획수: **11** 부수: **立**   >>> 회의문자

音 + 儿[웅크린 사람]

畢竟(필경) 마침내. 究竟(구경)

2

竝 아우를 병

획수: **10** 부수: **立**   >>> 회의문자

두 사람이 나란히 서 있음을 나타냄

竝列(병렬) 여럿이 나란히 벌여 섬
竝立(병립) 나란히 섬
竝稱(병칭) 나란히 일컬음
竝行(병행) 나란히 감. 아울러 행함

3, 4급

3

競 다툴 경

획수: **20** 부수: **立**   >>> 회의문자

覞[두 사람이 달리기 시합을 하고 있는 모습]

競技(경기) / **競賣**(경매) / **競選**(경선) / **競爭**(경쟁) / **競合**(경합)

端 ^끝 단

획수: **14** 부수: **立**　　　　　　　　　　　>>> 형성문자

立 + 耑(단)

端緒(단서) / **端正**(단정) / **極端**(극단) / **發端**(발단) / **尖端**(첨단)

老 늙을 **로**　　 **耂** 늙을로엄

058

긴 머리털과 허리가 구부러진 늙은 사람을 표현한 글자이다.
老자가 다른 글자에 덧붙여질 때는 耂의 형태로 쓰인다.

2급

1
耆 늙은이 **기**
획수: **10** 부수: **老**　　　　　　　　　　　　　　>>> 형성문자
老의 생략형 + 旨(지) (→ 旨의 전음이 음을 나타냄)

耆年(기년) 60세가 넘은 나이

3, 4급

2
考 상고할 **고**
획수: **6** 부수: **老**　　　　　　　　　　　　　　>>> 형성문자
老의 생략형 + 丂(고) (→ 丂의 전음이 음을 나타냄)

考課(고과) / **考慮**(고려) / **考案**(고안) / **考證**(고증) / **考察**(고찰) / **參考**(참고)

060

見 볼 견

사람[儿]의 모습 위에 강조된 눈[目]을 표현한 글자이다.
見자 부수에 속하는 한자는 일반적으로 '보다'라는 뜻과 관련이 있다.

2급

1

覓 찾을 멱

획수: **11** 부수: **見**   >>> 회의문자

爪[손] + 見
물건을 손에 넣으려고 눈을 가늘게 뜨고 본다는 뜻

覓來(멱래) 찾아 옴

3, 4급

2

覺 깨달을 각

획수: **20** 부수: **見**   >>> 회의문자

學[배울 학]의 생략형 + 見
보고 배워서 사물의 도리를 깨닫는다는 의미

覺書(각서) / **覺醒**(각성) / **覺悟**(각오) / **味覺**(미각) / **發覺**(발각) / **先覺**(선각)

3

觀 볼 관

획수: **25** 부수: **見**   >>> 형성문자

見 + 雚(관)

觀光(관광) / **觀念**(관념) / **觀望**(관망) / **觀點**(관점) / **觀察**(관찰) / **參觀**(참관)

4   # 規 법 규

획수: **11** 부수: **見**   >>> 회의문자

夫[훌륭한 사람] + 見

훌륭한 사람의 견식은 올바르다는 뜻에서 정확하게 원을 그리는 컴퍼스의
뜻이 됨. 파생하여 법의 뜻이 되었다

規範(규범) / **規定**(규정) / **規制**(규제) / **規則**(규칙) / **法規**(법규)

5   # 覽 볼 람

획수: **21** 부수: **見**   >>> 형성문자

見 + 監(감) (→ 監의 전음이 음을 나타냄)

觀覽(관람) / **博覽**(박람) / **閱覽**(열람) / **一覽**(일람) / **便覽**(편람) / **回覽**(회람)

6   # 視 볼 시

획수: **12** 부수: **見**   >>> 형성문자

見 + 示(시)

視覺(시각) / **視力**(시력) / **視線**(시선) / **視察**(시찰) / **視聽**(시청) / **注視**(주시)

국어 실력으로 이어지는 수(秀) 한자: 2급 상

061

赤 붉을 적

팔과 다리를 크게 벌리고 있는 사람과 타오르는 불을 표현한 글자이다. 불[火]이 타오를 때, 팔과 다리를 벌리고 있는 사람[大]의 얼굴빛이 붉어진데서 그 뜻이 '붉다'가 되었다.

2급

1

赦 용서할 사
획수: **11** 부수: **赤**　　　　　　　　　　　　　>>> 형성문자

攴[칠 복] + 赤(적) (→ 赤의 전음이 음을 나타냄)

赦免(사면) 지은 죄를 용서하여 벌을 면제함

2

赫 붉을 혁
획수: **14** 부수: **赤**　　　　　　　　　　　　　>>> 회의문자

赤[붉을 적]을 두 개 겹쳐서 불이 시뻘겋게 타오름을 뜻함

赫赫(혁혁) ❶ 빛나는 모양
　　　　　　❷ 威名(위명)을 떨치는 모양

3, 4급

3

赤 붉을 적
획수: **7** 부수: **赤**　　　　　　　　　　　　　>>> 회의문자

大 + 火

赤裸裸(적나라) / **赤信號**(적신호) / **赤字**(적자) / **赤潮**(적조)

062

走 달아날 주

달아나는 사람의 두 팔과 발을 표현한 글자이다.
走자 부수에 속하는 한자는 일반적으로 달리는 행동과 관련된 뜻을 지닌다.

2급

1

赴 다다를 부
획수: **9** 부수: **走**　　　　　　　　　　　　　　>>> 형성문자
走 + 卜(복) (→ 卜의 전음이 음을 나타냄)

赴告(부고) 사람이 죽은 것을 알리는 통지
赴任(부임) 임명을 받아 새로 맡겨진 자리에 감

2

越 넘을 월
획수: **12** 부수: **走**　　　　　　　　　　　　　　>>> 형성문자
走 + 戉(월)

越境(월경) 국경, 경계 등을 넘음
越權(월권) 자기 권한 밖의 일을 함
越冬(월동) 겨울을 넘김
越等(월등) 다른 것보다 훨씬 뛰어남
超越(초월) 어떤 한계나 표준을 뛰어넘음
卓越(탁월) 남보다 훨씬 뛰어남

3

趙 조나라 조
획수: **14** 부수: **走**　　　　　　　　　　　　　　>>> 형성문자
走 + 肖(초) (→ 肖의 전음이 음을 나타냄)

cf) 조나라 : 지금의 허베이 성(河北省). 산시성(山西省) 일대를 차지하였던 戰國
七雄(전국칠웅)의 하나

4 **趨** 달릴 추¹ / 재촉할 촉²

획수: **17** 부수: **走**　　　　　　　　　　>>> 형성문자

走 + 芻(추)

趨勢(추세) ❶ 세상이 되어 가는 형편
　　　　　❷ 어떤 세력을 붙좇아 따름
歸趨(귀추) 歸着(귀착)하는 바, 또는 그곳

5 **趣** 달릴 취¹ / 재촉할 촉²

획수: **15** 부수: **走**　　　　　　　　　　>>> 형성문자

走 + 取(취)

趣味(취미) 마음에 끌려 일정한 방향으로 쏠리는 흥미
趣旨(취지) 목적이 되는 속뜻
趣向(취향) 하고 싶은 마음이 쏠리는 방향
情趣(정취) 정감을 불러일으키는 興趣(흥취)
興趣(흥취) 즐거운 멋과 취미

3, 4급

6 **起** 일어날 기

획수: **10** 부수: **走**　　　　　　　　　　>>> 형성문자

走 + 己(기)

起立(기립) / **起兵**(기병) / **起死回生**(기사회생) / **起牀**(기상) / **起草**(기초) /
惹起(야기)

7

走 달릴 주

획수: **7** 부수: **走**   >>> 회의문자

大[사람] + 止[발]

走馬加鞭(주마가편) / **走馬看山**(주마간산) / **走馬燈**(주마등) / **奔走**(분주) /
疾走(질주) / **暴走**(폭주)

8

超 뛰어넘을 초

획수: **12** 부수: **走**   >>> 형성문자

走 + 김(소) (→ 김의 전음이 음을 나타냄)

超過(초과) / **超然**(초연) / **超越**(초월) / **超人**(초인)

065

鬼 귀신 귀

귀신을 표현한 글자이다.
鬼자 부수에 속하는 한자는 일반적으로 죽은 사람의 혼(魂)이나 악신
(惡神)과 관련된 뜻을 지닌다.

2급

1 鬼 귀신 귀

획수: **10** 부수: **鬼** >>> 상형문자

鬼神(귀신) ❶ 눈에 보이지 않는 영혼
❷ 죽은 사람의 혼령
❸ 사람을 해친다는 괴이한 존재
鬼才(귀재) 매우 뛰어난 재능, 또는 그런 재능을 가진 사람
餓鬼(아귀) 늘 굶주림과 목마름으로 고통을 겪는 귀신
冤鬼(원귀) 원통하게 죽은 사람의 귀신

2 魔 마귀 마

획수: **21** 부수: **鬼** >>> 형성문자
鬼 + 麻(마)

魔鬼(마귀) 요사스럽고 못된 짓을 하는 귀신
魔力(마력) ❶ 마귀의 힘
❷ 상상을 초월한 이상한 힘
魔手(마수) 마귀의 손길. '흉악한 목적으로 꾀는 음험한 수단'의 비유
魔術(마술) 사람의 눈을 속여 이상한 일을 해 보이는 재주. 妖術(요술)
病魔(병마) 병을 악마에 비유하여 이르는 말
惡魔(악마) 사람에게 재앙을 내리거나 나쁜 길로 유혹하는 마물

3 魄 넋 **백**¹ / 영락할 **탁**²

획수: **15** 부수: **鬼** >>> 형성문자

鬼 + 白

氣魄(기백) 씩씩한 기상과 늘품이 있는 정신
魂魄(혼백) 혼과 넋

4 魂 넋 **혼**

획수: **14** 부수: **鬼** >>> 형성문자

鬼 + 云(운) (→ 云의 전음이 음을 나타냄)

魂靈(혼령) 죽은 사람의 넋. 靈魂(영혼)
魂魄(혼백) 혼과 넋
魂飛魄散(혼비백산) 혼이 날고 넋이 흩어짐
　　　　　　　　'몹시 놀라 어쩔 줄을 모름'을 이름
商魂(상혼) 장사에 최선을 다하려는 상인의 정신
鎭魂(진혼) 죽은 사람의 넋을 鎭靜(진정)시킴

국어 실력으로 이어지는 수(秀) 한자: 2급 상

066

黑 검을 흑

사람의 얼굴에 문신이 새겨진 모습을 표현한 글자이다.
옛날에는 죄인이나 포로의 얼굴에 검은 먹물로 문신을 새기고 노예로
삼았다.

2급

1

默 잠잠할 묵

획수: **16** 부수: **黑** >>> 형성문자

犬 + 黑(흑) (→ 黑의 전음이 음을 나타냄)

默過(묵과) 말없이 지나쳐 버림. 알고도 모르는 체 넘겨버림
默念(묵념) ❶ 말없이 생각에 잠김
❷ 마음속으로 빎
默殺(묵살) 알고도 모르는 체하고 내버려 둠. 문제 삼지 아니함
默認(묵인) 말없이 모르는 체하고 *承認*(승인)함
寡默(과묵) 말수가 적고 침착함
沈默(침묵) 아무 말도 없이 잠잠히 있음

3, 4급

2

黨 무리 당

획수: **20** 부수: **黑** >>> 형성문자

黑 + 尙(상) (→ 尙의 전음이 음을 나타냄)

黨規(당규) / **黨論**(당론) / **黨爭**(당쟁) / **朋黨**(붕당) / **惡黨**(악당) / **政黨**(정당)

3

點 점 점

획수: **17** 부수: **黑**   >>> 형성문자

黑 + 占(점)

點檢(점검) / **點燈**(점등) / **點綴**(점철) / **點火**(점화) / **缺點**(결점) / **難點**(난점)

4

黑 검을 흑

획수: **12** 부수: **黑**   >>> 상형문자

黑髮(흑발) / **黑白**(흑백) / **黑字**(흑자) / **黑板**(흑판) / **暗黑**(암흑) / **漆黑**(칠흑)

067

儿 어진 사람 인

사람을 표현한 글자이다.
사람이 꿇어앉아있는 형상으로 사람의 동작이나 모양을 나타내는 글자에 많이 쓰인다.

전신

2급

1

競 다툴 **경**

획수: **20** 부수: **儿**　　　　　　　　　　　　　　　　　　>>> 회의문자

두 사람[兄 + 兄]이 달리기 시합을 하고 있는 모습으로, '경쟁하다', '다투다'의 의미를 나타낸다

競技(경기) 기술의 우열을 겨루는 일
競賣(경매) 살 사람이 값을 다투어 부르게 하여, 최고액 신청자에게 파는 일
競選(경선) 서로 우열을 겨루어 가림
競泳(경영) 헤엄의 빠르기를 겨루는 경기
競爭(경쟁) 서로 겨루어 봄
競合(경합) 서로 차지하려고 겨룸

2

允 진실로 **윤**

획수: **4** 부수: **儿**　　　　　　　　　　　　　　　　　　>>> 형성문자

儿 + 厶(사) (→ 厶의 전음이 음을 나타냄)

允許(윤허) 임금이 허가함

3

兌 바꿀 **태**

획수: **7** 부수: **儿**　　　　　　　　　　　　　　　　　　>>> 회의문자

儿 + 口[입] + 八 (→ '사람이 입을 열어 기뻐서 웃음'의 뜻)

兌換(태환) ❶ 바꿈
❷ 지폐를 金貨(금화) 따위의 正貨(정화)와 바꿈

4 兎 토끼 **토**

획수: **8** 부수: **儿** >>> 상형문자

토끼가 웅크리고 있는 모양

兎死狗烹(토사구팽) 토끼를 다 잡으면 사냥개를 삶아 먹음. '큰 일이 이루어
진 뒤에는 그 일에 공이 큰 사람도 죽임을 당하게 됨'의
비유

3, 4급

5 克 이길 **극**

획수: **7** 부수: **儿** >>> 형성문자

儿 + 古(고) (→ 古의 전음이 음을 나타냄)

克己(극기) / **克己復禮**(극기복례) / **克服**(극복)

6 免 면할 **면**

획수: **7** 부수: **儿** >>> 회의문자

刀(=勹)[사람] + 穴[구멍] + 儿 (→ 여자가 출산함의 뜻)

免稅(면세) / **免疫**(면역) / **免除**(면제) / **赦免**(사면) / **罷免**(파면)

7 兒 아이 **아**

획수: **8** 부수: **儿** >>> 상형문자

어린아이의 머리가 큰 것을 강조한 모습

兒童(아동) / **兒役**(아역) / **嬰兒**(영아) / **幼兒**(유아)

8

兆 조짐 조

획수: **6** 부수: **儿**　　　　　　　　　　　　　　　>>> 상형문자

거북의 등딱지를 구워 점칠 때 갈라진 모양. 조짐의 뜻

兆朕(조짐) / **前兆**(전조)

9

充 가득할 충

획수: **5** 부수: **儿**　　　　　　　　　　　　　　　>>> 회의문자

儿 + 育[기를 육]의 생략형 (→ 사람이 자라서 커짐의 뜻)

充滿(충만) / **充實**(충실) / **充員**(충원) / **充足**(충족) /
補充(보충) / **擴充**(확충)

병부 **절**

윗사람으로부터 명령을 받기위해 꿇어앉은 사람을 표현한 글자이다.

2급

1

却 물리칠 **각**

획수: **7** 부수: **卩**　　　　　　　　　　　　　　　　　>>> 형성문자

卩 + 去(거) (→ 去의 전음이 음을 나타냄)

却下(각하) 원서, 소송 따위를 받지 아니하고 물리침
棄却(기각) 제기된 문제나 안건을 무효로 하거나 취소하여 물리침
忘却(망각) 잊어버림
賣却(매각) 물건을 팔아 버림
退却(퇴각) 패하여 뒤로 물러남

2

卿 벼슬 **경**

획수: **12** 부수: **卩**　　　　　　　　　　　　　　　　>>> 회의문자

두 사람이 음식물을 서로 향하고 있는 모양 [卯+皀]으로, 임금의 음식을 다루
는 사람. 즉, 지위가 높은 사람을 뜻함

公卿(공경) 三公(삼공)과 九卿(구경). 높은 벼슬자리

3, 4급

3

卷 책 **권**

획수: **8** 부수: **卩**　　　　　　　　　　　　　　　　　>>> 형성문자

卩 + 龹(권)

龹은 말다의 뜻. 고대에는 책을 두루마리로 하였다

卷頭(권두) / **卷數**(권수) / **壓卷**(압권)

4 **卵** 알 **란**

획수: **7** 부수: 卩　　　　　　　　　　　　　　　　　>>> 상형문자

개구리의 알을 본뜬 글자

卵生(난생) / **鷄卵**(계란) / **累卵**(누란) / **産卵**(산란)

5 **卽** 곧 **즉**

획수: **9** 부수: 卩　　　　　　　　　　　　　　　　　>>> 회의문자

皀 + 卩

皀은 먹을 것의 상형. 사람이 무릎을 꿇고 밥상 앞에 앉아 막 먹으려고 하는 모습

卽決(즉결) / **卽死**(즉사) / **卽席**(즉석) / **卽時**(즉시) / **卽位**(즉위) / **卽興**(즉흥)

6 **危** 위태할 **위**

획수: **6** 부수: 卩　　　　　　　　　　　　　　　　　>>> 회의문자

𠂊 + 卩

𠂊(위)는 사람이 언덕 위에 있는 모양이고, 卩은 사람이 꿇어앉은 모습

危機(위기) / **危機一髮**(위기일발) / **危篤**(위독) / **危殆**(위태) / **危險**(위험) / **安危**(안위)

7 **印** 도장 **인**

획수: **6** 부수: 卩　　　　　　　　　　　　　　　　　>>> 회의문자

爪[손] + 卩

손[爪]으로 사람을 꿇어앉힌다(卩)의 의미로, '누르다'의 뜻을 나타낸다

印鑑(인감) / **印象**(인상) / **印稅**(인세) / **印刷**(인쇄) / **烙印**(낙인) / **捺印**(날인)

尤 절름발이 **왕**

람의 다리 하나는 곧고, 하나는 굽은 모습을 표현한 글자이다.
다리 하나가 굽은 모양으로 그 뜻이 '절름발이'가 되었다.

3, 4급

1 尤 더욱 우

획수: **4** 부수: **尤**　　　　　　　　　　　　　　>>> 형성문자

乙을 바탕으로 又(우)가 음을 나타낸다

尤妙(우묘) / **不怨天不尤人**(불원천불우인)

2 就 나아갈 **취**

획수: **12** 부수: **尤**　　　　　　　　　　　　　　>>> 회의문자

京[높은 언덕] + 尤[뛰어남] (→ 가장 높은 언덕의 뜻)

就任(취임) / **就職**(취직) / **就寢**(취침) / **就學**(취학) / **去就**(거취) / **成就**(성취)

070 尸 주검 시

옛날 사람이 죽어서 땅 속에 묻힐 때의 주검 모양을 본뜬 것이다.

2급

1

屆 이를 계

획수: **8** 부수: **尸**

>>> 형성문자

尸 + 凷(괴) (→ 凷의 전음이 음을 나타냄)

屆期(계기) 정한 기한에 이름
缺席屆(결석계) 예전에, 결석 사유를 적어서 제출하던 문서

2

屈 굽을 굴

획수: **8** 부수: **尸**

>>> 형성문자

尸 + 出(출) (→ 出의 전음이 음을 나타냄)

屈曲(굴곡) 이리저리 구부러짐
屈服(굴복) 굽히어 복종함
屈折(굴절) 휘어 꺾임
屈指(굴지) ❶ 손가락을 꼽음
　　　　　　❷ 여럿 중에서 손꼽을 만함
卑屈(비굴) 용기가 없고 비겁함

3

尿 오줌 뇨

획수: **7** 부수: **尸**

>>> 회의문자

尸 + 水[물 수]

죽은[尸] 물[水]. 즉 오줌이라고 생각하면 기억하기 편하다

尿道(요도) 膀胱(방광)에 있는 오줌을 몸 밖으로 내보내는 官(관)
排尿(배뇨) 오줌을 눔
糞尿(분뇨) 똥과 오줌

4 尼 여승 **니**
획수: **5** 부수: **尸**   >>> 형성문자
尸 + 匕(비)

比丘尼(비구니) 여자 중. 여승

5 屢 자주 **루**
획수: **14** 부수: **尸**   >>> 형성문자
尸 + 婁(루)

屢代(누대) 여러 대. 累世(누세)
屢次(누차) 여러 차례. 여러 번

6 屛 병풍 **병**[1] / 숨죽일 **병**[2] / 물리칠 **병**[3]
획수: **9** 부수: **尸**   >>> 형성문자
尸 + 幷(병)

屛風(병풍) 바람을 막거나 장식을 이하여 방 안에 둘러치는 물건
畫屛(화병) 그림을 그려 놓은 병풍

7 屬 무리 **속**[1] / 부탁할 **촉**[2]
획수: **21** 부수: **尸**   >>> 형성문자
尸[尾[꽁무니 미]의 생략형] + 蜀(촉)

屬國(속국) 정치적으로 다른 나라에 매여 있는 나라
屬領(속령) 어떤 나라에 딸린 영토

屬性(속성) 사물의 본질을 이루는 고유한 특징이나 성질
屬望(촉망) 잘되기를 바람
附屬(부속) 주된 것에 딸려 있음
從屬(종속) 딸리어 붙음

8

尸 주검 시

획수: **3** 부수: **尸**　　　　　　　　>>> 상형문자

尸童(시동) 지난날, 제사 지낼 때 신위 대신 그 자리에 앉히던 아이

9

屍 주검 시

획수: **9** 부수: **尸**　　　　　　　　>>> 회의문자

尸 + 死[죽을 사]

屍體(시체) 죽은 사람의 몸뚱이. 주검. 屍身(시신)

10

尹 다스릴 윤

획수: **4** 부수: **尸**　　　　　　　　>>> 회의문자

又[손] + ㅣ[지휘봉] (→ 지휘봉을 손에 들고 지시함의 의미)

判尹(판윤) 조선 시대에, 漢城府(한성부)의 으뜸 벼슬

3, 4급

11

居 살 거¹ / 어조사 거²

획수: **8** 부수: **尸**　　　　　　　　>>> 형성문자

尸 + 古(고) (→ 古의 전음이 음을 나타냄)

居室(거실) / **居住**(거주) / **居處**(거처) / **寄居**(기거) / **隱居**(은거)

12 局 판 국

획수: **7** 부수: **尸**　　　　　　　　　　　　　>>> 회의문자

尺[법칙] + 口[입 구]
말을 삼감의 뜻. 전하여 '구획짓다'의 의미를 나타냄

局面(국면) / **局限**(국한) / **開局**(개국) / **難局**(난국) / **對局**(대국) / **時局**(시국)

13 履 신 리

획수: **15** 부수: **尸**　　　　　　　　　　　　>>> 회의문자

尸[사람] + 彳,夊[걸어감] + 舟[나막신] (→ 사람이 신고 다니는 것의 뜻)

履歷(이력) / **履修**(이수) / **履行**(이행)

14 尾 꼬리 미

획수: **7** 부수: **尸**　　　　　　　　　　　　　>>> 회의문자

尸 + 毛
'尸'는 짐승의 엉덩이의 상형. 毛[털 모]를 붙여, 털이 있는 꼬리를 나타냄

尾行(미행) / **交尾**(교미) / **末尾**(말미)

15 屋 집 옥

획수: **9** 부수: **尸**　　　　　　　　　　　　　>>> 회의문자

尸[사람] + 至[이르다] (→ 사람이 이르러 머무름의 뜻)

屋上(옥상) / **屋上架屋**(옥상가옥) / **屋外**(옥외) / **家屋**(가옥) / **社屋**(사옥) /
韓屋(한옥)

16 展 펼 전

획수: **10** 부수: **尸**　　　　　　　　　　　　>>> 형성문자

尸 + 㠭[㡤(전)의 생략형]

展開(전개) / **展望**(전망) / **展示**(전시) / **發展**(발전) / **進展**(진전)

국어 실력으로 이어지는 수(秀) 한자: 2급 상

17

尺 자 척

획수: **4** 부수: **尸**

>>> 지사문자

尸 + 乀[길이의 표지] (→ 옛날 사람이 쓰는 길이의 단위를 나타냄)

尺度(척도) / **曲尺**(곡척) / **越尺**(월척) / **咫尺**(지척) / **縮尺**(축척)

18

層 층 층

획수: **15** 부수: **尸**

>>> 형성문자

尸 + 曾(증) (→ 曾의 전음이 음을 나타냄)

層階(층계) / **層巖絶壁**(층암절벽) / **階層**(계층) / **單層**(단층) / **地層**(지층)

071

无 없을 무

사람[尢]의 머리 위에 一을 더해 머리가 보임이 없게함을 표현한 글자로 보인다.

3, 4급

1   **旣** 이미 기
    획수: **11** 부수: **无**   >>> 형성문자
    旡(기)가 음을 나타냄

072 欠 하품 흠

사람이 입을 크게 벌리고 하품하는 모양을 표현한 글자이다.
欠자가 덧붙여진 한자는 흔히 사람이 크게 입을 벌리는 동작과 관련된
뜻을 지닌다.

2급

1 款 정성 **관**
획수: **12** 부수: **欠**   >>> 형성문자
欠 + 薬(관)의 생략형

款待(관대) 정성스럽게 대접함
約款(약관) 계약, 조약 등에서 정해진 조항
定款(정관) 어떤 조직체의 목적, 조직, 업무 집행 등에 관한 규정, 또는 그것
　　　　을 적은 문서
借款(차관) 국제간에, 일정한 협정에 따라 자금을 빌려 주고 빌려 쓰는 일

2 歐 토할 **구**¹ / 구라파 **구**²
획수: **15** 부수: **欠**   >>> 형성문자
欠 + 區(구)

3 欠 하품 **흠**
획수: **4** 부수: **欠**   >>> 상형문자
사람이 입을 벌리고 있는 모양을 본떠 '하품'의 뜻을 나타냄

欠缺(흠결) 일정한 수효에서 부족이 생김. 缺乏(결핍)
欠伸(흠신) 하품과 기지개, 또는 하품을 하거나 기지개를 켬

4 欽 공경할 **흠**

획수: **12** 부수: **欠** >>> 형성문자

欠 + 金(금) (→ 金의 전음이 음을 나타냄)

欽慕(흠모) 공경하고 사모함
欽仰(흠앙) 공경하고 우러러봄

3, 4급

5 欺 속일 **기**

획수: **12** 부수: **欠** >>> 형성문자

欠 + 其(기)

欺弄(기롱) / **欺瞞**(기만) / **詐欺**(사기)

6 欲 하고자할 **욕**

획수: **11** 부수: **欠** >>> 형성문자

欠 + 谷(곡) (→ 谷의 전음이 음을 나타냄)

欲求(욕구) / **欲望**(욕망) / **欲情**(욕정)

7 次 버금 **차**

획수: **6** 부수: **欠** >>> 형성문자

欠 + 二(이) (→ 二의 전음이 음을 나타냄)

次席(차석) / **次善**(차선) / **目次**(목차) / **席次**(석차)

8 歎 탄식할 **탄**

획수: **15** 부수: **欠** >>> 형성문자

欠 + 堇(간) (→ 堇의 전음이 음을 나타냄)

歎聲(탄성) / **歎息**(탄식) / **感歎**(감탄) / **慨歎**(개탄) / **痛歎**(통탄)

073

毋 말 무

어른인 여자를 표현한 글자이다.

2급

1

毋 말 무

획수: **4** 부수: **毋**　　　　　　　　　　　　>>> 상형문자

毋慮(무려) 자그마치. 엄청나게도. 예상보다 많음을 강조하는 말

3, 4급

2

毒 독 독

획수: **8** 부수: **毋**　　　　　　　　　　　　>>> 회의문자

屮[풀] + 毒[음란해짐] (→ 사람을 음란하게 하는 풀을 뜻함)

毒氣(독기) / **毒殺**(독살) / **毒舌**(독설) / **消毒**(소독) / **害毒**(해독)

074 疒 병들 녁

병들어 침상에 누워있는 사람을 표현한 글자이다.
疒자 부수에 속하는 한자는 질병이나 신체의 이상과 관련된 뜻을 지닌다.

2급

1 療 병고칠 **료**

획수: **17** 부수: **疒**　　　　　　　　　　　　　　>>> 형성문자

疒 + 尞(료)

療飢(요기) 시장기를 면할 만큼 조금 먹음
療養(요양) 병을 치료하며 조섭함
診療(진료) 진찰하고 치료함
治療(치료) 병을 다스려서 낫게 함

2 痲 홍역 **마**

획수: **13** 부수: **疒**　　　　　　　　　　　　　　>>> 형성문자

疒 + 麻(마) (→ 麻의 생략형이 음을 나타냄)

痲痺(마비) 몸의 전부 또는 일부가 감각이 없어지는 상태
痲藥(마약) 마취나 환각 작용을 일으키는 약물의 총칭
痲醉(마취) 약물 등으로 생물체의 감각을 일시적으로 마비시키는 일

3 癌 암 **암**

획수: **17** 부수: **疒**　　　　　　　　　　　　　　>>> 형성문자

疒 + 嵒(암)

胃癌(위암) 위에 생기는 암종
抗癌劑(항암제) 암 치료에 쓰이는 약제

4

疫 돌림병 역

획수: **9** 부수: **疒** 　　　　　　　　　　>>> 형성문자

疒 + 役(역) (→ 役의 생략형이 음을 나타냄)

免疫(면역) 체내에 들어온 抗原(항원)에 대하여 抗體(항체)가 만들어져, 같은
　　　　항원에 대해서는 저항력을 가지는 일
防疫(방역) 소독, 예방 주사 등의 방법으로 전염병의 발생을 미리 막음

5

疵 허물 자

획수: **10** 부수: **疒** 　　　　　　　　　　>>> 형성문자

疒 + 此(차) (→ 此의 전음이 음을 나타냄)

瑕疵(하자) 옥에 티. 흠. 결점

6

疾 병 질

획수: **10** 부수: **疒** 　　　　　　　　　　>>> 회의문자

疒 + 矢[화살] (→ 급병(急病)의 뜻)

疾病(질병) 몸의 온갖 기능 장애로 말미암은 병. 疾患(질환)
疾風怒濤(질풍노도) 몹시 빠르게 부는 바람과 무섭게 소용돌이치는 물결
痼疾(고질) 오래되어 고치기 어려운 병. 宿疾(숙질). 持病(지병)
惡疾(악질) 고치기 어려운 병

7

痕 흔적 흔

획수: **11** 부수: **疒** 　　　　　　　　　　>>> 형성문자

疒 + 艮(간) (→ 艮의 전음이 음을 나타냄)

痕迹(흔적) 뒤에 남은 자취나 자국

傷痕(상흔) 다친 자리의 흉터

血痕(혈흔) 피를 흘린 흔적

3, 4급

8

症 증세 증

획수: **10** 부수: **疒**　　　　　　　　　　　　>>> 형성문자

疒 + 正(정) (→ 正의 전음이 음을 나타냄)

症勢(증세) / **渴症**(갈증) / **炎症**(염증) / **痛症**(통증)

9

痛 아플 통

획수: **12** 부수: **疒**　　　　　　　　　　　　>>> 형성문자

疒 + 甬(용) (→ 甬의 전음이 음을 나타냄)

痛症(통증) / **痛快**(통쾌) / **痛歎**(통탄) / **悲痛**(비통) / **陣痛**(진통)

10

疲 지칠 피

획수: **10** 부수: **疒**　　　　　　　　　　　　>>> 형성문자

疒 + 皮(피)

疲困(피곤) / **疲勞**(피로) / **疲弊**(피폐)

075

艮 괘이름 **간**

사람의 눈을 강조한 모양을 형상화한 모습이다.
가차하여 방향, 시간 등의 괘이름으로 쓰이게 되었다.

3, 4급

1

良 어질 **량**

획수: **7** 부수: **艮**　　　　　　　　　　　　　>>> 상형문자

곡류 중에 좋은 것만을 골라내기 위한 기구 상형으로, '좋다', '어질다'의 뜻
을 나타냄

良書(양서) / **良心**(양심) / **良藥苦口**(양약고구) / **良好**(양호) / **改良**(개량) /
善良(선량)

076

頁 머리 **혈**

꿇어앉은 사람 모습에 과장된 머리를 표현한 글자이다.
頁자 부수에 속하는 한자는 그 뜻이 흔히 머리의 각 부위나 동작과 관련이 있다.

2급

1 頃 잠깐 **경**[1] / 반걸음 **규**[2]
획수: **11** 부수: 頁

頃刻(경각) 극히 짧은 동안
頃步(규보) 반걸음
萬頃(만경) 백만 이랑. '지면이나 수면이 한없이 넓음'을 이름

2 顧 돌아볼 고
획수: **21** 부수: 頁 　　　　　　　　　　　　 >>> 형성문자
頁 + 雇(고)

顧客(고객) 상점, 식당 등에 찾아오는 손님
顧慮(고려) 마음을 씀
顧問(고문) 諮問(자문)에 응하여 의견을 말하는 직책, 또는 그 직책에 있는
　　　　 사람
回顧(회고) 지나간 일을 돌이켜 생각함

3 頓 조아릴 **돈**
획수: **13** 부수: 頁 　　　　　　　　　　　　 >>> 형성문자
頁 + 屯(둔) (→ 屯의 전음이 음을 나타냄)

頓悟(돈오) 갑자기 깨달음
査頓(사돈) 혼인으로 맺어진 인척 관계
整頓(정돈) 가지런히 바로잡음

4
頻 자주 **빈**
획수: **16** 부수: **頁**　　　　　　　　　　　　>>> 회의문자
頁 + 步[涉[건넘]의 생략자] (→ 물을 건너려고 얼굴을 찡그린다는 의미)

頻度(빈도) 반복되는 정도
頻發(빈발) 자주 일어남
頻繁(빈번) 여러 번 되풀이하여 번거로움

5
預 미리 **예**
획수: **13** 부수: **頁**　　　　　　　　　　　　>>> 형성문자
頁 + 予(예)

預金(예금) 금융 기관에 돈을 맡김, 또는 그 돈
預置(예치) 맡겨 둠

6
顚 머리 **전**
획수: **19** 부수: **頁**　　　　　　　　　　　　>>> 형성문자
頁 + 眞(진) (→ 眞의 전음이 음을 나타냄)

顚倒(전도) ❶ 넘어지고 엎어짐
　　　　　　 ❷ 거꾸로 뒤바뀜
顚末(전말) 일의 처음부터 끝까지 진행되어 온 경위
顚覆(전복) 뒤집어엎음
七顚八起(칠전팔기) 일곱 번 넘어지고 여덟 번 일어남. '여러 번의 실패에도
　　　　　　 굽히지 않고 奮鬪(분투)함'을 이름

7 頗 자못 **파**¹ / 치우칠 **파**²

획수: **14** 부수: **頁**   >>> 형성문자

頁 + 皮(피) (→ 皮의 전음이 음을 나타냄)

頗多(파다) 자못 많음
偏頗(편파) 한편으로 치우침

8 顯 나타낼 **현**

획수: **23** 부수: **頁**   >>> 형성문자

頁 + 㬎(현)

顯微鏡(현미경) 아주 작은 사물을 확대하여 보는 장치
顯著(현저) 뚜렷이 드러남
破邪顯正(파사현정) 그릇된 생각을 깨뜨리고 바른 도리를 드러냄

3, 4급

9 領 옷깃 **령**

획수: **14** 부수: **頁**   >>> 형성문자

頁 + 令(령)

領袖(영수) / **領域**(영역) / **領土**(영토) / **首領**(수령) / **要領**(요령) / **占領**(점령)

10 類 무리 **류**

획수: **19** 부수: **頁**   >>> 형성문자

犬[개 견] + 頪(뢰) (→ 頪의 전음이 음을 나타냄)

類似(유사) / **類類相從**(유유상종) / **類型**(유형) / **分類**(분류) / **種類**(종류)

11 須 모름지기 **수**¹ / 수염 **수**²

획수: **12** 부수: **頁**   >>> 회의문자

頁 + 彡[털의 모양] (→ 얼굴의 수염의 뜻)

須臾(수유) / 必須(필수)

12 順 순할 **순**
획수: **12** 부수: **頁**   >>> 형성문자
頁 + 川(천) (→ 川의 전음이 음을 나타냄)

順理(순리) / 順序(순서) / 順應(순응) / 順坦(순탄) / 順風(순풍) / 逆順(역순)

13 頌 칭송할 **송**
획수: **13** 부수: **頁**   >>> 형성문자
頁 + 公(공) (→ 公의 전음이 음을 나타냄)

頌歌(송가) / 讚頌(찬송) / 稱頌(칭송)

14 顔 얼굴 **안**
획수: **18** 부수: **頁**   >>> 형성문자
頁 + 彦(언) (→ 彦의 전음이 음을 나타냄)

顔面(안면) / 顔色(안색) / 童顔(동안) / 無顔(무안) / 厚顔無恥(후안무치)

15 額 이마 **액**
획수: **18** 부수: **頁**   >>> 형성문자
頁 + 客(객) (→ 客의 전음이 음을 나타냄)

額面(액면) / 額數(액수) / 金額(금액) / 總額(총액)

16 願 원할 **원**
획수: **19** 부수: **頁**   >>> 형성문자
頁 + 原(원)

願望(원망) / 祈願(기원) / 所願(소원) / 念願(염원) / 歎願(탄원)

17 頂 정수리 **정**

획수: **11** 부수: 頁   >>> 형성문자

頁 + 丁(정)

頂門一鍼(정문일침) / **頂上**(정상) / **頂點**(정점) / **登頂**(등정) / **絶頂**(절정)

18 項 목 **항**

획수: **12** 부수: 頁   >>> 형성문자

頁 + 工(공) (→ 工의 전음이 음을 나타냄)

項目(항목) / **問項**(문항) / **事項**(사항)

국어 실력으로 이어지는 수(秀) 한자: 2급 상

077

髟 머리늘어질 표

지팡이를 짚고 있는 머리털이 긴 사람[長]과 그 의미를 더욱 분명히 하기
위해 털[彡]이 어우러진 모습을 표현한 글자이다.

3, 4급

1

髮 터럭 **발**

획수: **15** 부수: **髟**   >>> 형성문자

髟 + 犮(발)

斷髮(단발) / **頭髮**(두발) / **削髮**(삭발) / **危機一髮**(위기일발)

078

鬥 싸움 투

두 사람이 맨손으로 싸우는 모습을 표현한 글자이다.

3, 4급

1

鬪 싸울 투

획수: **20** 부수: **鬥**　　　　　　　　　　　　　　　　>>> 형성문자

鬥 + 尌(주) (→ 尌의 전음이 음을 나타냄)

鬪病(투병) / **鬪爭**(투쟁) / **鬪志**(투지) / **鬪魂**(투혼) / **奮鬪**(분투) / **死鬪**(사투)

제4장
사람 관련 부수

손

✦

✦

079

又 또 우

무언가 잡으려고 하는 오른손이 옆으로 표현된 글자이다.
又자가 덧붙여진 한자는 흔히 손과 관련된 뜻을 지닌다.

2급

1

叛 배반할 **반**

획수: **9** 부수: **又** >>> 형성문자

反 + 半(반)

叛軍(반군) 반란을 일으킨 군사
叛亂(반란) 정권을 타도하기 위하여 일으키는 조직적인 폭력 활동
叛逆(반역) 정부를 배반하고 나라를 어지럽게 함
背叛(배반) 믿음과 의리를 저버리고 돌아섬. 背反(배반)

2

叉 깍지낄 **차**

획수: **3** 부수: **又** >>> 상형문자

又[손]에 물건을 낀 모양

交叉(교차) 가로세로로 엇갈림

3

叢 모을 **총**

획수: **18** 부수: **又** >>> 형성문자

取(취)의 전음이 음을 나타냄

叢論(총론) 갖가지 논설, 또는 그것을 모아 놓은 책
叢書(총서) ❶ 서적을 모음, 또는 그 서적
❷ 갖가지 책을 모아 한 질을 이룬 것

4

及 미칠 급

획수: **4** 부수: **又**　　　　　　　　　　　>>> 회의문자

사람한테 손이 닿는 모양

及第(급제) / **普及**(보급) / **言及**(언급) / **波及**(파급)

5

受 받을 수

획수: **8** 부수: **又**　　　　　　　　　　　>>> 회의문자

爪[손톱] + 又[손] + 冖[쟁반]
두 손[爪 + 又] 사이에 쟁반[冖]이 있는 모습으로 두 사람이 물건을 주고받는다는 뜻

受講(수강) / **受諾**(수락) / **受容**(수용) / **受益**(수익) / **甘受**(감수) / **授受**(수수)

6

叔 아재비 숙

획수: **8** 부수: **又**　　　　　　　　　　　>>> 형성문자

又 + 尗(숙)

叔母(숙모) / **叔父**(숙부) / **堂叔**(당숙) / **外叔**(외숙)

7

又 또 우

획수: **2** 부수: **又**　　　　　　　　　　　>>> 상형문자

오른손을 그린 것

8

取 취할 취

획수: **8** 부수: **又**　　　　　　　　　　　>>> 회의문자

耳[귀] + 又[손]
전쟁에 이겨서 적의 귀를 잘라 가진데서 취함의 뜻을 나타냄

取得(취득) / **取捨選擇**(취사선택) / **取消**(취소) / **取材**(취재) /
爭取(쟁취) / **奪取**(탈취)

제4장 사람 관련 부수
손

寸 마디 촌

손 모양을 표현한 글자이다.
寸자 부수에 속하는 한자는 일반적으로 손과 관련된 뜻이나 일정한 법
도와 관련되어 이뤄진 뜻을 지닌다.

2급

1

封 봉할 봉

획수: **9** 부수: **寸**　　　　　　　　　　　　　　>>> 회의문자

之[가다] + 土[흙] + 寸[법도]
맡겨진 영토에 가서 다스림의 뜻

封建(봉건) 군주가 직접 관할하는 토지 이외의 땅을 諸侯(제후)에게 나누어
　　　　　주어 다스리게 하던 일
封鎖(봉쇄) 사람이나 물건이 드나들지 못하도록 막음
封印(봉인) 봉한 자리에 도장을 찍음, 또는 그 도장
封合(봉합) 외상으로 갈라진 자리나 수술한 자리를 꿰매어 붙임
開封(개봉) ❶ 봉한 것을 떼어 엶
　　　　　　❷ 영화를 처음으로 上映(상영)함
密封(밀봉) 단단히 봉함

2

尋 찾을 심

획수: **12** 부수: **寸**　　　　　　　　　　　　　　>>> 회의문자

크[오른손] + 工[좌] + 口[우] + 寸[척도]
좌우의 손을 벌린 길이의 뜻

尋訪(심방) 방문함. 찾아봄
尋常(심상) 대수롭지 않음

3 尉 벼슬이름 **위**

획수: **11** 부수: **寸**　　　　　　　　　>>> 회의문자

寸[손] + 尼[=仁[어질 인]] + 火(= 小)

불을 손에 들고 위에서 눌러 평평하게 폄의 뜻

尉官(위관) 군의 장교 계급에서 '대위, 중위, 소위'의 총칭

`3, 4급`

4 導 인도할 **도**

획수: **16** 부수: **寸**　　　　　　　　　>>> 형성문자

寸 + 道(도)

導入(도입) / **導出**(도출) / **導火線**(도화선) / **善導**(선도) / **誘導**(유도) /
指導(지도)

5 寺 절 **사**¹ / 내시 **시**²

획수: **6** 부수: **寸**　　　　　　　　　>>> 회의문자

寸[법도] + 土[땅] (→ 일을 하는 곳의 뜻)

寺院(사원) / **寺人**(시인) / **山寺**(산사)

6 射 쏠 **사**¹ / 벼슬이름 **야**² / 맞힐 **석**³ / 싫을 **역**⁴

획수: **10** 부수: **寸**　　　　　　　　　>>> 회의문자

寸 + 身 (→ 활을 쏘는 데는 법칙이 있음의 뜻)

射擊(사격) / **射殺**(사살) / **射手**(사수) / **射倖**(사행) / **亂射**(난사)

7 將 장수 **장**¹ / 장차 **장**²

획수: **11** 부수: **寸**　　　　　　　　　>>> 형성문자

寸 + 醬(장) (→ 醬의 생략형이 음을 나타냄)

將校(장교) / **將軍**(장군) / **將帥**(장수) / **勇將**(용장) / **日就月將**(일취월장)

8

專 오로지 전

획수: **11** 부수: **寸**

>>> 형성문자

寸 + 叀(전)

專攻(전공) / **專念**(전념) / **專屬**(전속) / **專心專力**(전심전력) / **專制**(전제) /
專橫(전횡)

9

尊 높을 존[1] / 술그릇 준[2]

획수: **12** 부수: **寸**

>>> 회의문자

酋[술 단지]를 손[寸]으로 받들고 있는 모양. 제사에 쓰는 귀한 술 단지의 뜻

尊敬(존경) / **尊貴**(존귀) / **尊嚴**(존엄) / **尊重**(존중) / **尊稱**(존칭) / **尊銜**(존함)

082

攴 칠 **복**　　攵 둥글월 **문**

채찍과 같은 나뭇가지를 손에 잡고 무언가 치려는 모습을 표현한 글자이다. 攴자가 글자에 덧붙여질 때는 攵의 형태로 약간 변화되어 쓰인다. 攴자 부수에 속한 한자는 대개 다그쳐 일어나는 동작이나 행위와 관계된 뜻을 지닌다.

2급

1

敦 도타울 **돈**

획수: **12** 부수: **攴**　　　　　　　　>>> 형성문자

攵 ＋享(향) (→ 享의 전음이 음을 나타냄)

敦篤(돈독) 인정이 도타움

2

敍 차례 **서**

획수: **11** 부수: **攴**　　　　　　　　>>> 형성문자

攴 + 余(여) (→ 余의 전음이을 나타냄)

敍事(서사) 사실을 있는 그대로 서술함, 또는 그 글
敍述(서술) 일정한 내용을 차례에 따라 말하거나 적음
敍情(서정) 자기가 느낀 感情(감정)을 나타냄
敍勳(서훈) 勳等(훈등)과 勳章(훈장)을 내림

3, 4급

3

敢 감히 **감**

획수: **12** 부수: **攴**　　　　　　　　>>> 회의문자

두 손으로[攵] 무엇을 다투어 입[甘]속에 넣는 모습이다

敢鬪(감투) / **敢行**(감행) / **果敢**(과감) / **勇敢**(용감)

4 改 고칠 개

획수: **7** 부수: **攴**   >>> 형성문자

攵 + 己(기) (→ 己의 전음이 음을 나타냄)

改過遷善(개과천선) / **改善**(개선) / **改惡**(개악) / **改訂**(개정) / **改編**(개편) /
改革(개혁)

5 敬 공경할 경

획수: **13** 부수: **攴**   >>> 형성문자

攵 + 苟(구)

'苟'는 머리를 특별한 모양으로 하고, 몸을 굽혀 신에게 비는 모양을 본뜸
파생되어 '삼가다, 공경하다'의 뜻을 나타냄

敬禮(경례) / **敬老**(경로) / **敬畏**(경외) / **敬天愛人**(경천애인) / **恭敬**(공경) /
尊敬(존경)

6 故 연고 고

획수: **9** 부수: **攴**   >>> 형성문자

攵 + 古(고)

故事(고사) / **故人**(고인) / **故障**(고장) / **故鄕**(고향) / **變故**(변고) / **事故**(사고)

7 攻 칠 공

획수: **7** 부수: **攴**   >>> 형성문자

攵 + 工(공)

攻擊(공격) / **攻略**(공략) / **攻防**(공방) / **攻勢**(공세) / **專攻**(전공) / **侵攻**(침공)

8 救 구원할 구

획수: **11** 부수: **攴**   >>> 형성문자

攵 + 求(구)

救國(구국) / 救急(구급) / 救援(구원) / 救出(구출) / 救護(구호) / 自救(자구)

9 敏 민첩할 민
획수: **11** 부수: **攵**   >>> 형성문자

攵 + 每(매) (→ 每의 전음이 음을 나타냄)

敏感(민감) / 敏捷(민첩) / 過敏(과민) / 英敏(영민) / 銳敏(예민)

10 散 흩을 산
획수: **12** 부수: **攵**   >>> 형성문자

月[肉] + 㪔(산) (→ 㪔의 생략형이 음을 나타냄)

散漫(산만) / 散文(산문) / 散在(산재) / 分散(분산) / 閑散(한산)

11 收 거둘 수
획수: **6** 부수: **攵**   >>> 형성문자

攵 + 丩(구) (→ 丩의 전음이 음을 나타냄)

收監(수감) / 收益(수익) / 收集(수집) / 收穫(수확) / 沒收(몰수) / 徵收(징수)

12 數 셀 수[1] / 수 수[2] / 자주 삭[3] / 촘촘할 촉[4]
획수: **15** 부수: **攵**   >>> 형성문자

攵 + 婁(루) (→ 婁의 전음이 음을 나타냄)

數式(수식) / 數次(수차) / 數爻(수효) / 術數(술수) / 運數(운수)

13 敵 대적할 적
획수: **15** 부수: **攵**   >>> 형성문자

攵 + 啇(적)

敵國(적국) / 敵手(적수) / 敵陣(적진) / 對敵(대적) / 匹敵(필적)

14 政 정사 **정**

획수: **9** 부수: **攴**   >>> 형성문자

攵 + 正(정) (→ 두들겨서[攵] 바르게[正] 한다는 뜻)

政局(정국) / **政黨**(정당) / **政府**(정부) / **政治**(정치) / **國政**(국정) / **內政**(내정)

15 整 가지런할 **정**

획수: **16** 부수: **攴**   >>> 회의문자

束[다발] + 攵 + 正[바름]
다발로 묶고 다시 두드려서 모양을 바로 잡음의 뜻

整頓(정돈) / **整列**(정렬) / **整理**(정리) / **端整**(단정) / **調整**(조정)

16 敗 패할 **패**

획수: **11** 부수: **攴**   >>> 형성문자

攵 + 貝(패)

敗家亡身(패가망신) / **敗北**(패배) / **敗色**(패색) / **敗走**(패주) / **憤敗**(분패) /
惜敗(석패)

국어 실력으로 이어지는 수(秀) 한자: 2급 상

083 殳 칠 수

손에 도구를 들고 무언가 치려는 모습을 표현한 글자이다.
殳자가 덧붙여지는 한자는 주로 치는 동작과 관련된 뜻을 지닌다.

2급

1 殷 은나라 은

획수: **10** 부수: **殳**   >>> 회의문자

身의 역형(逆形) + 殳[창]

殷鑑不遠(은감불원) 은나라의 거울은 멀리 있지 않음. '남의 실패를 보고 자
기의 경계로 삼음'의 비유

殷墟(은허) 殷(은)나라의 도읍터

2 殿 대궐 전

획수: **13** 부수: **殳**   >>> 형성문자

殳 + 展(전)
원래 '때리는 소리'의 뜻이었으나 전하여 '대궐'의 의미가 되었다

殿閣(전각) ❶ 임금이 거처하는 궁전
❷ 궁전과 누각
殿堂(전당) ❶ 神佛(신불)을 모시는 집
❷ 크고 화려한 집
❸ 어떤 분야의 가장 권위 있는 기관
殿下(전하) '왕'이나 '왕비'에 대한 尊稱(존칭)
佛殿(불전) 부처를 모신 집. 梵殿(범전). 佛堂(불당)

3 毀 헐 **훼**

획수: **13** 부수: **殳**　　　　　　　　　　　>>> 형성문자

土(토) + 毇(훼)의 생략형

毀謗(훼방) 헐뜯어 비방함
毀損(훼손) ❶ 체면이나 명예를 손상함
　　　　　　❷ 헐거나 깨뜨려 못 쓰게 함

3, 4급

4 段 조각 **단**

획수: **9** 부수: **殳**　　　　　　　　　　　>>> 회의문자

손에 막대기[殳]를 쥐고 암석[厂]을 때리는 모양으로 二는 때릴 때 떨어지는
조각을 의미한다

段階(단계) / **段落**(단락) / **階段**(계단) / **手段**(수단)

5 殺 죽일 **살**¹ / 감할 **쇄**²

획수: **11** 부수: **殳**　　　　　　　　　　　>>> 형성문자

殳 + 杀(찰) (→杀의 전음이 음을 나타냄)

殺伐(살벌) / **殺傷**(살상) / **殺生有擇**(살생유택) / **殺害**(살해) / **抹殺**(말살) /
相殺(상쇄)

085

皮 가죽 피

옷을 만들기 위해 손[又]으로 짐승의 가죽을 벗기는 모양을 표현한 글자이다.

3, 4급

1

皮 가죽 피

획수: **5** 부수: **皮**　　　　　　　　　　　　>>> 회의문자

손[又]으로 가죽을 벗기는 것을 나타냄

皮骨相接(피골상접) / **皮膚**(피부) / **皮相**(피상) / **皮革**(피혁) / **脫皮**(탈피)

229

086

聿 붓 율

털이 달린 붓을 손에 잡고 있는 모습을 표현한 글자이다.

2급

1

肅 엄숙할 숙

획수: **13** 부수: **聿**　　　　　　　　　　　　　　　　>>> 회의문자

彐[손] + 巾[수건] + 胏[못]

손에 수건을 들고 깊은 연못 위에서 일을 한다는 의미로 삼가고 조심한다는 뜻을 나타낸다

肅然(숙연) ❶ 두려워하여 삼가는 모양
　　　　　 ❷ 엄숙하고 조용한 모양
嚴肅(엄숙) 장엄하고 정숙함
自肅(자숙) 스스로 삼감
靜肅(정숙) 조용하고 엄숙함

087

隶 밑 이

손으로 짐승 꼬리를 잡고 있는 모양을 표현한 글자이다.

2급

1

隸 종 례

획수: **16** 부수: **隶**　　　　　　　　　　　　　　　>>> 형성문자

隶 + 柰[=柰(내)] (→ 柰의 전음이 음을 나타냄)

隸屬(예속) 남의 지배 아래 매임
奴隸(노예) 종. 隸僕(예복)

088

勹 쌀 포

무언가 감싸 안으려는 사람의 손을 표현한 글자이다.

1

勿 말 물
획수: **4** 부수: **勹**　　　　　　　　　　　>>> 상형문자
장대 끝에 세 개의 기가 달려 있는 모양

勿論(물론)

2

包 쌀 포
획수: **5** 부수: **勹**　　　　　　　　　　　>>> 상형문자
뱃속에 아기를 가지고 있는 모양

包括(포괄) / **包攝**(포섭) / **包容**(포용) / **包圍**(포위) / **包含**(포함) / **小包**(소포)

089 厶 사사 **사**

손이 안으로 굽어진 모양을 표현한 글자이다.
손이 안으로 굽어진 모양에서 자기만 생각한다는 '사사롭다'의 뜻이 되었다.

3, 4급

1 **參** 석 **삼**[1] / 참여할 **참**[2]

획수: **11** 부수: **厶** >>> 형성문자

厽[별모양] + 㐱(삼)

090 왼손 **좌**

왼손을 간략하게 표현한 글자이다.

2급

1

屯 모일 둔¹ / 어려울 준²

획수: **4** 부수: 屮   >>> 상형문자

屮[풀의 싹]이 一[땅]을 뚫고 나오려는 모양

峻險(준험) 지세가 험악하여 나아가기가 어려움
駐屯(주둔) 군대가 일정한 지역에 머물러 있음

091

廾 손 맞잡을 공

손과 오른손을 맞잡으려는 모습을 표현한 글자이다.

2급

1

弄 희롱할 롱

획수: **7** 부수: **廾**　　　　　　　　　　　　　　　　　>>> 회의문자

王[구슬] + 廾[양손] (→ 양손으로 구슬을 가지고 논다는 의미)

弄奸(농간) 남을 농락하여 속이거나 남의 일을 그르침
弄談(농담) 장난으로 하는 말. 실없는 말
愚弄(우롱) 남을 바보로 여겨 놀림
嘲弄(조롱) 비웃거나 놀림
戱弄(희롱) 장난삼아 놀림

2

弁 고깔 변

획수: **5** 부수: **廾**　　　　　　　　　　　　　　　　　>>> 회의문자

厶[관의 모양] + 廾[양손] (→ 관(冠)을 씀의 뜻)

武弁(무변) ❶ 무관이 쓰던 고깔
　　　　　　❷ 武官(무관). 武臣(무신)

3 　　**弊** 폐단 **폐**

획수: **15** 부수: **廾**　　　　　　　　　　　　　　　　>>> 형성문자

廾 + 敝(폐)

弊家(폐가) '자기 집'의 겸칭
弊端(폐단) 옳지 못한 경향이나 해로운 현상
弊害(폐해) 폐단과 손해
民弊(민폐) 일반 국민에게 끼치는 폐해
語弊(어폐) 말의 弊端(폐단)이나 缺點(결점)
疲弊(피폐) 지치고 쇠약해짐

092

手 손 수   扌 재방변

다섯 손가락의 손을 간략히 표현한 글자이다. 手자가 다른 글자에 덧붙여질 때는 扌의 형태로 변화되기도 한다. 手자를 부수로 삼는 한자는 대부분 손의 동작과 관련이 있다.

2급

1

據 의거할 **거**

획수: **16** 부수: **手**   >>> 형성문자

扌 +豦(거)

據點(거점) 의거하여 지키는 곳. 활동의 근거지
論據(논거) 의론이나 논설이 성립하는 근거가 되는 것
依據(의거) ❶ 어떠한 사실을 근거로 함
　　　　　　❷ 어떤 곳에 자리잡고 머무름
證據(증거) 어떤 사실을 증명할 수 있는 근거
占據(점거) 어떤 곳을 차지하여 자리를 잡음
割據(할거) 땅을 분할하여 웅거함

2

揭 들 **게**

획수: **12** 부수: **手**   >>> 형성문자

扌 +曷(갈) (→ 曷의 전음이 음을 나타냄)

揭示(게시) 여러 사람에게 알리기 위해 내붙이거나 내걸어 두루 보게 함
揭揚(게양) 높이 들어올려 걺
揭載(게재) 신문, 잡지 등에 기사, 광고 따위를 실음

3 **擊** 칠 격

획수: **17** 부수: **手** >>> 형성문자

手 + 毄(격)

'毄'은 수레가 서로 부딪침의 뜻. 手가 더해져 '치다'의 뜻을 나타냄

擊墜(격추) 날아가는 물체를 쏘아 떨어뜨림
擊沈(격침) 배를 공격하여 가라앉힘
擊退(격퇴) 적을 쳐서 물리침
擊破(격파) 쳐서 부숨
攻擊(공격) ❶ 적을 침
　　　　　 ❷ 상대편을 수세에 몰아넣고 강하게 밀어붙임
襲擊(습격) 갑자기 적을 들이침

4 **掛** 걸 괘

획수: **11** 부수: **手** >>> 형성문자

扌 + 卦(괘)

掛圖(괘도) 걸어 놓고 보는 학습용의 그림이나 도표
掛鐘(괘종) 벽이나 기둥 등에 걸어 놓는 시계

5 **拘** 잡을 구

획수: **8** 부수: **手** >>> 형성문자

扌 + 句(구)

'句'는 구부러진 갈고리의 상형. 갈고리를 걸어서 '잡다'의 뜻

拘禁(구금) 신체에 구속을 가하여 일정한 곳에 가두어 둠
拘留(구류) 잡아서 가두어 둠
拘束(구속) 행동이나 의사의 자유를 제한함
拘引(구인) 체포하여 끌고 감
拘置(구치) 被疑者(피의자), 犯罪者(범죄자) 등을 일정한 곳에 가둠

6 掘 팔 굴

획수: **11** 부수: **手**　　　　　　　　　　　　　>>> 형성문자

扌 + 屈(굴)

掘鑿(굴착) 파서 구멍을 뚫음
盜掘(도굴) 고분 등을 몰래 파서 副葬品(부장품)을 훔치는 일
發掘(발굴) 땅속의 물건을 파냄

7 揆 헤아릴 규

획수: **12** 부수: **手**　　　　　　　　　　　　　>>> 형성문자

扌 + 癸(규)

規度(규탁) 미루어 헤아림

8 撻 매질할 달

획수: **11** 부수: **手**　　　　　　　　　　　　　>>> 형성문자

扌 + 達(달)

鞭撻(편달) ❶ 채찍으로 때림
　　　　　 ❷ 일깨워 주고 격려함

9 挑 돋을 도

획수: **9** 부수: **手**　　　　　　　　　　　　　>>> 형성문자

扌 + 兆(조) (→ 兆의 전음이 음을 나타냄)

挑發(도발) 상대를 집적거려 일을 일으킴. 싸움을 걺
挑戰(도전) 競技(경기)를 하여 승패를 거룰 것을 신청함

10 拉 끌고갈 랍

획수: **8** 부수: **手**　　　　　　　　　　　　　>>> 형성문자

扌 + 立(립) (→ 立의 전음이 음을 나타냄)

拉致(납치) 억지로 끌고 감
被拉(피랍) 납치를 당함

11 掠 빼앗을 **략**
획수: **11** 부수: **手**   >>> 형성문자
扌 + 京(경) (→ 京의 전음이 음을 나타냄)

掠奪(약탈) 폭력을 써서 무리하게 빼앗음
擄掠(노략) 떼를 지어 다니면서 재물 따위를 빼앗음
侵掠(침략) 남의 나라를 침범하여 영토를 빼앗음

12 摩 갈 **마**
획수: **15** 부수: **手**   >>> 형성문자
手 + 麻(마)

摩擦(마찰) ❶ 무엇을 대고 문지름
          ❷ 뜻이 맞지 않아서 옥신각신함
撫摩(무마) 어루만져 위로함
按摩(안마) 손으로 몸을 두드리거나 주물러서 피로가 풀리게 하는 일

13 拍 손뼉칠 **박**
획수: **8** 부수: **手**   >>> 형성문자
扌 + 白(백) (→ 白의 전음이 음을 나타냄)

拍手(박수) 손뼉을 침
拍子(박자) 음악, 춤의 가락을 돕는 장단
拍掌大笑(박장대소) 손뼉을 치면서 크게 웃음
拍車(박차) ❶ 말을 빨리 달리게 하기 위해 승마용 구두의 뒤축에 댄, 쇠로
              만든 톱니모양의 물건
          ❷ 일의 진행을 촉진하기 위하여 더하는 힘

14 搬 옮길 **반**

획수: **13** 부수: **手**　　　　　　　　　　　　>>> 형성문자

扌 + 般(반)

搬出(반출) 운반하여 냄
運搬(운반) 옮겨서 나름

15 拔 뺄 **발**

획수: **8** 부수: **手**　　　　　　　　　　　　>>> 형성문자

扌 + 犮(발)

拔群(발군) 여럿 가운데서 특히 빼어남
拔本塞源(발본색원) 뿌리를 뽑고, 근원을 막음. '폐단의 근본 원인을 아주 없
　　　　　　　　앰'을 이름
拔萃(발췌) 글 속에서 요점을 빼냄
拔擢(발탁) 많은 사람 중에서 특별히 뽑아서 씀
奇拔(기발) 유달리 才致(재치) 있고 뛰어남
選拔(선발) 여럿 중에서 가려 뽑음

16 排 물리칠 **배**

획수: **11** 부수: **手**　　　　　　　　　　　　>>> 형성문자

扌 + 非(비) (→ 韭의 전음이 음을 나타냄)

排擊(배격) 배척하여 물리침
排氣(배기) 안에 든 공기나 증기, 가스 따위를 내보냄
排列(배열) 차례로 늘어놓음
排除(배제) 물리쳐 제거함
排斥(배척) 반대하여 물리침
按排(안배) 제 차례나 제 자리에 알맞게 벌어 놓음

17 撒 뿌릴 **살**

획수: **15** 부수: **手** >>> 형성문자

扌 + 散(산) (→ 散의 전음이 음을 나타냄)

撒水(살수) 물을 뿌림
撒布(살포) 흩어 뿌림

18 挿 꽂을 **삽**

획수: **12** 부수: **手** >>> 형성문자

扌 + 臿(삽)

挿入(삽입) 사이에 끼워 넣음
挿畫(삽화) 서적, 잡지, 신문 등에서 내용이나 기사의 이해를 돕도록 끼워 넣
　　　　　 는 그림

19 攝 끌어잡을 **섭**

획수: **21** 부수: **手** >>> 형성문자

扌 + 聶(섭)

攝理(섭리) ❶ 병을 조리함
　　　　　 ❷ 자연계를 지배하고 있는 理法(이법)
攝生(섭생) 건강을 유지하도록 꾀함
攝取(섭취) 영양분을 빨아들임
包攝(포섭) 상대를 자기편으로 끌어넣음

20 搜 찾을 **수**

획수: **13** 부수: **手** >>> 형성문자

扌 + 叟(수)

搜査(수사) 범인의 행방을 찾거나 범죄의 증거를 모음
搜索(수색) 뒤져서 찾음
搜所聞(수소문) 세상에 떠도는 소문을 더듬어 찾음

국어 실력으로 이어지는 수(秀) 한자: 2급 상

21 握 잡을 **악**

획수: **12** 부수: **手** >>> 형성문자

扌 + 屋(옥) (→ 屋의 전음이 음을 나타냄)

握力(악력) 손으로 꽉 쥐는 힘
握手(악수) 인사, 감사 등의 표시로 서로 손을 내어 잡는 일
掌握(장악) ❶ 손 안에 잡아서 쥠
　　　　　 ❷ 권세 따위를 손아귀에 넣음
把握(파악) ❶ 잡아 쥠
　　　　　 ❷ 어떤 일을 잘 이해하여 확실하게 앎

22 按 살필 **안**

획수: **9** 부수: **手** >>> 형성문자

扌 + 安(안)

按摩(안마) 몸을 두들기거나 주물러서 피의 순환을 도와주는 일
按舞(안무) 음악에 맞는 무용 동작을 창안함, 또는 그것을 가르침
按排(안배) 제 차례나 제 자리에 알맞게 벌여 놓음

23 押 누를 **압**

획수: **8** 부수: **手** >>> 형성문자

扌 + 甲(갑) (→ 甲의 전음이 음을 나타냄)

押留(압류) 국가 기관이 채무자의 재산의 사용, 처분을 금함, 또는 그 행위
押送(압송) 죄인을 어떤 장소에서 다른 장소로 護送(호송)함
押收(압수) 법원이나 수사 기관 등이 직권으로 증거물이나 몰수할 물건을 점
　　　　　 유 확보함, 또는 그 행위
押釘(압정) 손가락으로 눌러 박는, 머리가 납작한 쇠못

24 抑 누를 **억**

획수: **7** 부수: **手** >>> 형성문자

扌 + 印(인) (→ 印의 생략형의 전음이 음을 나타냄)

抑留(억류) 강제로 붙잡아 둠

抑壓(억압) 억제하여 압박함

抑揚(억양) ❶ 누르기도 하고 치키기도 하는 일

❷ 말, 글의 뜻에 따라 높고 낮게 소리 내는 일

抑制(억제) 억눌러 제지함

25 捐 버릴 **연**

획수: **10** 부수: **手**　　　　　　　　　　>>> 형성문자

扌 + 肙(연)

捐金(연금) 기부하는 돈

義捐(의연) 자선, 공익 등을 위하여 돈이나 물품을 냄

出捐(출연) 금품을 내어 원조함

26 擁 안을 **옹**¹ / 가릴 **옹**²

획수: **16** 부수: **手**　　　　　　　　　　>>> 형성문자

扌 + 雍(옹)

擁立(옹립) 임금의 자리 따위에 모시어 세움

擁護(옹호) 편들어 지킴

抱擁(포옹) 품속에 껴안음

27 搖 흔들 **요**

획수: **13** 부수: **手**　　　　　　　　　　>>> 형성문자

扌 + 䍃(요)

搖動(요동) 흔들리어 움직임

搖亂(요란) 시끄럽고 어지러움

搖籃(요람) ❶ 젖먹이를 놀게 하거나 재우기 위하여 올려놓고 흔들도록 만든 물건

❷ '어떤 사물의 발생지나 출발지'의 비유

動搖(동요) 움직이고 흔들림

28 掌 손바닥 장

획수: **12** 부수: **手**

>>> 형성문자

手 + 尙(상) (→ 尙의 전음이 음을 나타냄)

掌握(장악) 손에 쥠. 손에 넣음
孤掌難鳴(고장난명) 외손뼉은 울리기 어려움
管掌(관장) 일을 맡아서 주관함
合掌(합장) 부처에게 절할 때 공경하는 마음으로 두 손바닥을 합침

29 摘 딸 적

획수: **13** 부수: **手**

>>> 형성문자

扌 + 商(적)

摘發(적발) 숨어 드러나지 않는 것을 들추어냄
摘示(적시) 지적하여 제시함
指摘(지적) 꼭 집어서 가리킴

30 折 꺾을 절

획수: **7** 부수: **手**

>>> 회의문자

扌(=木[나무]) + 斤[도끼] (→ 도끼로 나무를 자름의 뜻)

折半(절반) 하나를 반으로 나눔, 또는 그 반
折衷(절충) 서로 맞지 않는 견해나 관점을 타협시킴
骨折(골절) 뼈가 부러짐
夭折(요절) 나이가 젊어서 죽음
挫折(좌절) 뜻과 기운이 꺾임

31 措 둘 조

획수: **11** 부수: **手**

>>> 형성문자

扌 + 昔(석) (→ 昔의 전음이 음을 나타냄)

措處(조처) 어떤 문제나 사태를 해결하기 위하여 필요한 대책을 강구함, 또는
그 대책

32 **拙** 졸할 **졸**

획수: **8** 부수: **手**　　　　　　　　　　　　　>>> 형성문자

扌 + 出(출) (→ 出의 전음이 음을 나타냄)

拙稿(졸고) ❶ 서투르게 쓴 원고
　　　　　 ❷ '자기가 쓴 원고'의 겸칭
拙劣(졸렬) 옹졸하고 비열함
拙速(졸속) 일을 엉성하게 서둘러 처리함
拙作(졸작) ❶ 졸렬한 작품
　　　　　 ❷ '자기 작품'의 겸칭
甕拙(옹졸) 성질이 너그럽지 못하고 소견이 좁음
稚拙(치졸) 유치하고 졸렬함

33 **振** 떨칠 **진**

획수: **10** 부수: **手**　　　　　　　　　　　　>>> 형성문자

扌 + 辰(진)

振動(진동) 같은 모양으로 반복하여 흔들리어 움직임
振作(진작) 떨쳐 일으키거나 일어남
振興(진흥) 학술, 산업 등이 침체된 상태에서 떨쳐 일어남
不振(부진) ❶ 세력이 떨치지 못함
　　　　　 ❷ 일이 잘 되어 나가지 않음

34 **捉** 잡을 **착**

획수: **10** 부수: **手**　　　　　　　　　　　　>>> 형성문자

扌 + 足(족) (→ 足의 전음이 음을 나타냄)

捕捉(포착) 꼭 붙잡음

35 **撤** 걷을 **철**

획수: **14** 부수: **手**　　　　　　　　　　　　>>> 형성문자

扌 + 敵(철)

국어 실력으로 이어지는 수(秀) 한자: 2급 상

撤去(철거) 걷어치워 버림

撤軍(철군) 駐屯地(주둔지)에서 군대를 철수함

撤收(철수) 거두어 감. 물러감

撤廢(철폐) 걷어치워서 폐지함

撤回(철회) 이미 내었거나 보낸 것을 도로 거두어들임

36 抄 베낄 초

획수: **7** 부수: **手**   >>> 형성문자

手 + 少(소)

抄錄(초록) 필요한 대목만을 가려 뽑아 적음, 또는 그 기록

抄本(초본) 내용의 필요한 부분만을 뽑아서 베낀 문서

37 抽 뽑을 추

획수: **8** 부수: **手**   >>> 형성문자

扌 + 由(유) (→ 由의 전음이 음을 나타냄)

抽象(추상) 구체적인 사물이나 관념에서 일반적으로 공통된 속성을 추려 내
　　　　어 종합하는 일

抽籤(추첨) 제비를 뽑음. 제비뽑기

抽出(추출) 고체 또는 액체에서 어떤 물질을 뽑아냄

38 托 받칠 탁

획수: **6** 부수: **手**   >>> 형성문자

扌 + 乇(탁)

受托(수탁) 부탁이나 청탁을 받음

依托(의탁) 남에게 의뢰하여 부탁함

39 播 뿌릴 파

획수: **15** 부수: **手**   >>> 형성문자

扌 + 番(번) (→ 番의 전음이 음을 나타냄)

播種(파종) 씨앗을 뿌림
播遷(파천) 임금이 난리를 피해 궁궐을 떠나 다른 곳으로 몸을 옮김
傳播(전파) 널리 전하여 퍼짐

40 把 잡을 파
획수: 7 부수: 手 　　　　　　　　　　　　　　　>>> 형성문자
扌 + 巴(파)

把守(파수) 경계하여 지킴, 또는 지키는 그 사람
把握(파악) ❶ 꽉 잡아 쥠
　　　　　❷ 어떤 일을 잘 이해하여 확실하게 앎

41 抛 던질 포
획수: 8 부수: 手 　　　　　　　　　　　　　　　>>> 형성문자
扌 + 㐬(포)

抛棄(포기) 하던 일을 중도에 그만 둠
抛物線(포물선) 평면 위의 한 定點(정점)과 한 定直線(정직선)에서 같은 거리에
　　　　　있는 모든 점을 연결하는 曲線(곡선)
抛擲(포척) 내던짐

42 擴 늘릴 확
획수: 18 부수: 手 　　　　　　　　　　　　　　　>>> 형성문자
扌 + 廣(광) (→ 廣의 전음이 음을 나타냄)

擴大(확대) 늘여서 크게 함
擴散(확산) 퍼져 흩어짐
擴聲器(확성기) 音聲(음성)을 확대하는 장치
擴張(확장) 늘려서 넓힘
擴充(확충) 넓혀서 홍분하게 함

43 換 바꿀 **환**

획수: **12** 부수: **手**　　　　　　　　　　>>> 형성문자

扌 + 奐(환)

換氣(환기) 탁한 공기를 빼고, 맑은 새 공기로 바꿈
換算(환산) 어떤 단위를 다른 단위로 고쳐 계산함
換率(환율) 두 나라 사이의 화폐 교환 비율
換錢(환전) 서로 종류가 다른 화폐와 화폐를 교환하는 일
換節期(환절기) 계절이 바뀌는 시기
交換(교환) 서로 바꿈

44 携 가질 **휴**

획수: **13** 부수: **手**　　　　　　　　　　>>> 형성문자

扌 + 雟(휴) (→ 携는 攜(휴)의 속자이다)

携帶(휴대) 어떤 물건을 손에 들거나 몸에 지님
提携(제휴) ❶ 서로 붙잡아 끌어 줌
　　　　　　❷ 서로 도움, 또는 공동으로 일함

3, 4급

45 拒 막을 **거**

획수: **8** 부수: **手**　　　　　　　　　　>>> 형성문자

扌 + 巨(거)

拒否(거부) / **拒逆**(거역) / **拒絶**(거절) / **抗拒**(항거)

46 擧 들 **거**

획수: **18** 부수: **手**　　　　　　　　　　>>> 형성문자

手 + 與(여) (→ 與의 전음이 음을 나타냄)

擧名(거명) / **擧兵**(거병) / **擧事**(거사) / **擧手**(거수) / **選擧**(선거) / **列擧**(열거)

47 **拳** 주먹 **권**
획수: **10** 부수: **手**   >>> 형성문자
手 + 关(권)

拳銃(권총) / **拳鬪**(권투) / **鐵拳**(철권)

48 **技** 재주 **기**
획수: **7** 부수: **手**   >>> 형성문자
扌 + 支(지) (→ 支의 전음이 음을 나타냄)

技巧(기교) / **技能**(기능) / **技術**(기술) / **妙技**(묘기) / **長技**(장기)

49 **擔** 멜 **담**
획수: **16** 부수: **手**   >>> 형성문자
扌 + 詹(첨) (→ 詹의 전음이 음을 나타냄)

擔當(담당) / **擔保**(담보) / **擔任**(담임) / **加擔**(가담) / **負擔**(부담) / **分擔**(분담)

50 **拜** 절 **배**
획수: **9** 부수: **手**   >>> 회의문자
手 + 桒[나뭇가지]
사악한 것을 없애기 위해 나뭇가지를 손에 들고 절하다의 뜻

拜金(배금) / **歲拜**(세배) / **崇拜**(숭배) / **參拜**(참배)

51 **扶** 도울 **부**
획수: **7** 부수: **手**   >>> 형성문자
扌 + 夫(부)

扶養(부양) / **扶助**(부조) / **相扶相助**(상부상조)

52 拂 떨칠 불

획수: **8** 부수: **手**

扌 + 弗(불)

>>> 형성문자

拂拭(불식) / 先拂(선불) / 支拂(지불)

53 批 비평할 비

획수: **7** 부수: **手**

扌 + 比(비)

>>> 형성문자

批准(비준) / 批判(비판) / 批評(비평)

54 捨 버릴 사

획수: **11** 부수: **手**

扌 + 舍(사)

>>> 형성문자

捨生取義(사생취의) / 取捨(취사)

55 掃 쓸 소

획수: **11** 부수: **手**

扌 + 帚[빗자루] (→ 비로 쓸음의 뜻)

>>> 회의문자

掃滅(소멸) / 掃蕩(소탕) / 一掃(일소) / 淸掃(청소)

56 損 덜 손

획수: **13** 부수: **手**

扌 + 員(원) (→ 員의 전음이 음을 나타냄)

>>> 형성문자

損傷(손상) / 損失(손실) / 損益(손익) / 損害(손해) / 缺損(결손) / 破損(파손)

57 授 줄 수

획수: **11** 부수: **手** >>> 형성문자

扌 + 受(수)

授受(수수) / **授業**(수업) / **授與**(수여) / **敎授**(교수) / **傳授**(전수)

58 拾 주울 습¹ / 열 십²

획수: **9** 부수: **手** >>> 형성문자

扌 + 合(합) (→ 合의 전음이 음을 나타냄)

拾得(습득) / **收拾**(수습)

59 承 이을 승

획수: **8** 부수: **手** >>> 회의문자

手 + 卩[몸을 굽힘] + 廾[양손]
몸을 굽혀 양손으로 삼가 군주의 명령을 받듦의 뜻

承諾(승낙) / **承服**(승복) / **承認**(승인) / **繼承**(계승) / **傳承**(전승)

60 揚 날릴 양

획수: **12** 부수: **手** >>> 형성문자

扌 + 昜(양)

揚揚(양양) / **宣揚**(선양) / **高揚**(고양) / **讚揚**(찬양)

61 援 도울 원¹ / 끌 원²

획수: **12** 부수: **手** >>> 형성문자

扌 + 爰(원)

援軍(원군) / **援助**(원조) / **救援**(구원) / **應援**(응원) / **支援**(지원) / **後援**(후원)

국어 실력으로 이어지는 수(秀) 한자: 2급 상

62 抵 막을 저
획수: **8** 부수: **手**　　　　　　　　　>>> 형성문자
扌 + 氐(저)

抵當(저당) / 抵觸(저촉) / 抵抗(저항)

63 接 접할 접
획수: **11** 부수: **手**　　　　　　　　>>> 형성문자
扌 + 妾(첩) (→ 妾의 전음이 음을 나타냄)

接客(접객) / 接境(접경) / 接受(접수) / 迎接(영접) / 隣接(인접) / 直接(직접)

64 提 끌 제
획수: **12** 부수: **手**　　　　　　　　>>> 형성문자
扌 + 是(시) (→ 是의 전음이 음을 나타냄)

提供(제공) / 提報(제보) / 提示(제시) / 提案(제안) / 提出(제출) / 前提(전제)

65 操 잡을 조[1] / 지조 조[2]
획수: **16** 부수: **手**　　　　　　　　>>> 형성문자
扌 + 喿(소) (→ 喿의 전음이 음을 나타냄)

操業(조업) / 操作(조작) / 操縱(조종) / 操舵(조타) / 貞操(정조) / 志操(지조)

66 持 가질 지
획수: **9** 부수: **手**　　　　　　　　　>>> 형성문자
扌 + 寺 (→ 寺의 전음이 음을 나타냄)

持論(지론) / 持病(지병) / 持分(지분) / 持續(지속) / 堅持(견지) / 支持(지지)

67 指 손가락 **지**

획수: **9** 부수: **手**　　　　　　　　　　　>>> 형성문자

扌 + 旨(지)

指目(지목) / 指紋(지문) / 指示(지시) / 指定(지정) / 指向(지향) / 屈指(굴지)

68 採 캘 **채**

획수: **11** 부수: **手**　　　　　　　　　　　>>> 회의문자

扌 + 爫[손] + 木[나무]
손으로 나무의 열매를 딴다는 의미
扌가 첨가되어 뜻을 더욱 분명히 하였다

採鑛(채광) / 採掘(채굴) / 採集(채집) / 採擇(채택) / 公採(공채) / 伐採(벌채)

69 拓 열 **척**[1] / 박을 **탁**[2]

획수: **8** 부수: **手**　　　　　　　　　　　>>> 형성문자

扌 + 石(석) (→ 石의 전음이 음을 나타냄)

干拓(간척) / 開拓(개척) / 拓本(탁본)

70 招 부를 **초**

획수: **8** 부수: **手**　　　　　　　　　　　>>> 형성문자

扌 + 召 (→ 召의 전음이 음을 나타냄)

招待(초대) / 招聘(초빙) / 招請(초청) / 問招(문초)

71 推 천거할 **추**[1] / 밀 **퇴**[2]

획수: **11** 부수: **手**　　　　　　　　　　　>>> 형성문자

扌 + 隹(추)

推理(추리) / 推移(추이) / 推定(추정) / 推進(추진) / 推測(추측) / 推敲(퇴고)

72 打 칠 **타**

획수: **5** 부수: **手**　　　　　　　　　　　　　>>> 형성문자

扌 + 丁 (→ 丁의 전음이 음을 나타냄)

打開(타개) / 打擊(타격) / 打鐘(타종) / 打破(타파) / 强打(강타) / 毆打(구타)

73 探 찾을 **탐**

획수: **11** 부수: **手**　　　　　　　　　　　　>>> 회의문자

扌 + 罙[深[깊을 심]의 본자] (→ 깊은 곳을 손을 더듬어 취함의 뜻)

探問(탐문) / 探訪(탐방) / 探査(탐사) / 探索(탐색) / 廉探(염탐)

74 擇 가릴 **택**

획수: **16** 부수: **手**　　　　　　　　　　　　>>> 형성문자

扌 + 睪(역) (→ 睪의 전음이 음을 나타냄)

擇一(택일) / 選擇(선택) / 採擇(채택)

75 投 던질 **투**

획수: **7** 부수: **手**　　　　　　　　　　　　　>>> 형성문자

扌 + 殳(수) (→ 殳의 전음이 음을 나타냄)

投稿(투고) / 投機(투기) / 投書(투서) / 投身(투신) / 投票(투표) / 投降(투항)

76 抱 안을 **포**

획수: **8** 부수: **手**　　　　　　　　　　　　　>>> 형성문자

扌 + 包(포)

抱腹絶倒(포복절도) / 抱負(포부) / 抱擁(포옹) / 懷抱(회포)

77 捕 잡을 포

획수: **10** 부수: **手** >>> 형성문자

扌 + 甫(보) (→ 甫의 전음이 음을 나타냄)

捕虜(포로) / 捕縛(포박) / 捕獲(포획) / 生捕(생포) / 逮捕(체포)

78 抗 겨룰 항

획수: **7** 부수: **手** >>> 형성문자

扌 + 亢(항)

抗拒(항거) / 抗辯(항변) / 抗議(항의) / 抗戰(항전) / 反抗(반항) / 抵抗(저항)

79 揮 휘두를 휘

획수: **12** 부수: **手** >>> 형성문자

扌 + 軍(군) (→ 軍의 전음이 음을 나타냄)

發揮(발휘) / 指揮(지휘)

093

 손톱 **조**

 손톱조머리

무언가 잡으려고 하는 손을 표현한 글자이다. 爪자가 글자의 머리에 덧붙여질 때는 생략된 형태인 爫로 쓰인다. 爪자 부수에 속한 한자는 주로 손을 이용한 활동과 연관된 뜻을 지닌다.

2급

1
爵 벼슬 **작**
획수: **18** 부수: **爪** >>> 상형문자
새 형상을 한 술잔을 손에 들고 있는 모양

爵位(작위) 五等爵(오등작)에 속하는 벼슬, 또는 그 직위

2
爪 손톱 **조**
획수: **4** 부수: **爪** >>> 상형문자

爪痕(조흔) 손톱으로 할퀸 흔적

3, 4급

3
爲 할 **위**¹ / 위할 **위**²
획수: **12** 부수: **爪** >>> 상형문자
어미 원숭이의 모양

爲人(위인) / **爲政**(위정) / **無爲徒食**(무위도식) / **營爲**(영위) / **作爲**(작위) /
行爲(행위)

257

4 爭 다툴 쟁

획수: **8** 부수: **爪**　　　　　　　　　　　　　　　　>>> 회의문자

爪[손톱] + 又[손] + ㅣ[막대기]
한 개의 막대기를 양쪽에서 서로 빼앗으려고 다투고 있는 형상

爭點(쟁점) / **爭取**(쟁취) / **爭奪**(쟁탈) / **競爭**(경쟁) / **論爭**(논쟁) / **戰爭**(전쟁)

국어 실력으로 이어지는 수(秀) 한자: 2급 상

094

止 그칠 지

발을 표현한 글자이다. 윗부분은 다섯 개의 발가락을 세 개로 간략하게 나타냈고, 아랫부분은 발뒤꿈치를 나타냈다. 止자를 부수로 삼는 글자는 흔히 발과 관련되어 이뤄진 뜻을 지닌다.

2급

1

歪 비뚤 왜¹ / 외²

획수: **9** 부수: **止**   >>> 회의문자

不 + 正 (→ 바르지 아니함. 곧 비뚤음을 나타냄)

歪曲(왜곡) 사실과 맞지 않게 해석함

3, 4급

2

歸 돌아올 귀

획수: **18** 부수: **止**   >>> 회의문자

𠂤 + 止 + 帚

歸省(귀성) / **歸屬**(귀속) / **歸順**(귀순) / **歸鄕**(귀향) / **歸還**(귀환) / **復歸**(복귀)

3

歲 해 세

획수: **13** 부수: **止**   >>> 형성문자

步 + 戌(술) (→ 戌의 전음이 음을 나타냄)

歲暮(세모) / **歲拜**(세배) / **歲月**(세월) / **年歲**(연세)

4 **武** 호반 무

획수: **8** 부수: **止**　　　　　　　　　　　　　　　　　　　>>> 회의문자

止 + 戈

'止(지)'는 발을 본뜬 모양으로 '가다'의 뜻. 창[戈]을 들고 전장에 싸우러 나가 다의 의미

武器(무기) / **武陵桃源**(무릉도원) / **武士**(무사) / **武術**(무술) / **武藝**(무예) / **文武**(문무)

5 **止** 그칠 **지**

획수: **4** 부수: **止**　　　　　　　　　　　　　　　　　　　>>> 상형문자

止血(지혈) / **禁止**(금지) / **防止**(방지) / **沮止**(저지) / **停止**(정지) / **中止**(중지)

6 **此** 이 **차**

획수: **6** 부수: **止**　　　　　　　　　　　　　　　　　　　>>> 회의문자

止 + 匕 [比의 생략형]

此日彼日(차일피일) / **此後**(차후) / **彼此**(피차)

095

足 발 족   足 발족변

발을 표현한 글자이다. 발가락과 발뒤꿈치, 그리고 종아리 부위를 나타냈다. 왼쪽에 사용될 때는 足의 형태로 약간 변한다. 足자 부수에 속하는 한자는 대개 발의 활동과 관련된 뜻을 지닌다.

2급

1

踏 밟을 답
획수: **15** 부수: **足**   >>> 형성문자

足 + 沓(답)

踏步(답보) 제자리걸음. '일의 진전이 없음'의 비유
踏査(답사) 실지로 가서 보고 자세히 조사함
踏襲(답습) 先人(선인)의 行蹟(행적)을 그대로 따라 행함

2

跳 뛸 도
획수: **13** 부수: **足**   >>> 형성문자

足 + 兆(조) (→ 兆의 전음이 음을 나타냄)

跳躍(도약) 뛰어오름. 훌쩍 뜀

3

躍 뛸 약
획수: **21** 부수: **足**   >>> 형성문자

足 + 翟(적)

躍動(약동) 펄펄 뛰듯 생기 있고 활발하게 움직임
躍進(약진) 힘차게 앞으로 나아감
跳躍(도약) 뛰어오름

飛躍(비약) ❶ 높이 뛰어오름
❷ 급격히 발전하거나 향상됨
活躍(활약) 힘차게 활동함

4 **踊** 뛸 용
획수: **14** 부수: **足**   >>> 형성문자
足 + 甬(용)

舞踊(무용) 춤

5 **踰** 넘을 유
획수: **16** 부수: **足**   >>> 형성문자
足 + 俞(유)

踰年(유년) 해를 넘김
踰越(유월) ❶ 본분을 넘음. 분에 지나침
❷ 한도나 법도를 넘음

6 **跡** 발자취 적
획수: **13** 부수: **足**   >>> 형성문자
足 + 赤(적)

軌跡(궤적) ❶ 수레바퀴가 지나간 자국
❷ 先人(선인)의 行蹟(행적)
人跡(인적) 사람의 발자취
潛跡(잠적) 종적을 감추어 버림
足跡(족적) 발자취. 발자국
追跡(추적) 뒤를 밟아 쫓음
痕跡(흔적) 남은 자취

7 **蹟** 자취 적

획수: **18** 부수: **足** >>> 형성문자

足 + 責(책)

古蹟(고적) 남아 있는 옛 건물이나 그런 것이 있던 자리
史蹟(사적) 역사적인 고적
遺蹟(유적) 남아 있는 史蹟(사적)
行蹟(행적) 평생에 한 일

8 **蹴** 찰 축

획수: **19** 부수: **足** >>> 형성문자

足 + 就(취) (→ 就의 전음이 음을 나타냄)

蹴球(축구) ❶ 공을 참
 ❷ 11명씩 두 편으로 나누어 상대편 문 안에 공을 넣음으로써 승
 부를 겨루는 경기
一蹴(일축) ❶ 한 번 걷어참
 ❷ 단번에 물리침

3, 4급

9 **距** 떨어질 거

획수: **12** 부수: **足** >>> 형성문자

足 + 巨(거)

距離(거리)

10 **踐** 밟을 천

획수: **15** 부수: **足** >>> 형성문자

足 + 戔(천)

踐踏(천답) / **實踐**(실천)

098

疋 발소

장딴지를 포함한 발을 표현한 글자이다.

1

疏 성길 소¹ / 거칠 소² / 적을 소³

획수: **12** 부수: **疋** >>> 형성문자

㐬[흐르다] + 疋(소)

疏遠(소원) ❶ 친분이 가깝지 못하고 멂
　　　　　 ❷ 소식, 왕래가 오래 끊긴 상태에 있음
疏脫(소탈) 수수하고 털털함
疏通(소통) 막히지 않고 트임
上疏(상소) 임금에게 올리는 글

2

疑 의심할 의

획수: **14** 부수: **疋** >>> 회의문자

子 + 止 + 匕[순조롭지 않음] (→ 아이의 걸음걸이가 위태위태한 모양)

疑問(의문) / 疑心(의심) / 疑惑(의혹) / 質疑(질의) / 嫌疑(혐의) / 懷疑(회의)

099

癶 걸을 **발**

앞을 향해 두 발이 걸어가는 모양을 표현한 글자이다.
왼쪽과 오른쪽에 각기 발 하나씩 나타냈다.

3, 4급

1 **癸** 열째천간 **계**
획수: **9** 부수: **癶**   >>> 상형문자
선단이 세 갈래로 갈라진 창의 모양

癸時(계시)

100

舛 어그러질 **천**

발 하나가 아래를 향해 오른쪽으로, 또 다른 발 하나가 아래를 향해 왼쪽으로 서로 어그러져 있는 모양을 표현한 글자이다.

2급

1

舜 순임금 **순**

획수: **12** 부수: **舛**　　　　　　　　　　　　　　　>>> 형성문자

舛(천)의 전음이 음을 나타냄

堯舜(요순) 중국 고대의 聖君(성군)인 요임금과 순임금

3, 4급

2

舞 춤출 **무**

획수: **14** 부수: **舛**　　　　　　　　　　　　　　　>>> 상형문자

사람이 장식이 붙은 소맷자락을 나풀거리며 춤추고 있는 모양

舞臺(무대) / **舞踊**(무용) / **舞姬**(무희) / **歌舞**(가무) / **群舞**(군무)

101

韋 다룬 가죽 위

일정하게 경계 그어진 지역을 발이 서로 어긋나게 돌고 있음을 표현한 글자이다.

2급

1

韋 가죽 위

획수: **9** 부수: **韋**　　　　　　　　　>>> 형성문자

舛 + 囗(위)

韋編三絶(위편삼절) 책을 맨 가죽 끈이 세 번이나 끊어짐. 독서에 힘씀을 이름

제5장
사람 관련 부수

임

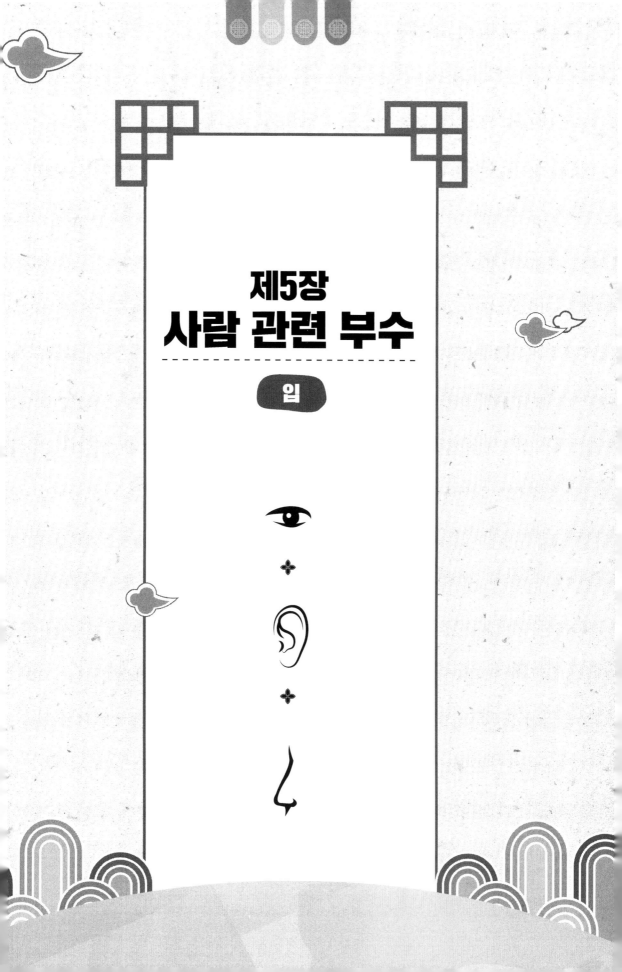

102

口 입 구

사람의 입을 표현한 글자이다.
口자 부수에 속하는 한자는 일반적으로 입과 관련된 부위나 그 활동과
비롯된 뜻을 지닌다.

2급

1

嘉 아름다울 **가**
획수: **14** 부수: **口**   >>> 형성문자
壴 + 加(가)

嘉尚(가상) 착하고 갸륵함. 윗사람이 아랫사람을 칭찬할 때 쓰는 말
嘉言(가언) 본받을 만한 좋은 말

2

啓 열 **계**
획수: **11** 부수: **口**   >>> 형성문자
口 + 攵(계)
'攵'는 손으로 문을 여는 모양

啓導(계도) 깨우쳐 이끌어 줌
啓蒙(계몽) 우매한 사람을 가르치고 깨우쳐 줌
啓發(계발) 사상, 지능 따위를 깨우쳐 열어 줌
啓示(계시) ❶ 깨우쳐 보여 줌
❷ 사람의 힘으로 알지 못할 일을 신이 알게 해 줌

3

哭 울 **곡**
획수: **10** 부수: **口**   >>> 회의문자
犬[개 견] + 吅[짖음]

270
국어 실력으로 이어지는 수(秀) 한자: 2급 상

개가 짖는다는 뜻이다

전하여 '사람이 슬퍼하며 소리내어 운다'는 뜻을 나타낸다

哭聲(곡성) 곡하는 소리
痛哭(통곡) 소리를 높여 슬피 욺, 또는 그 울음

4

叫 부르짖을 **규**

획수: **5** 부수: **口** >>> 형성문자

口 + 丩(구) (→ 丩의 전음이 음을 나타냄)

絶叫(절규) 힘을 다하여 부르짖음

5

唐 당나라 **당**

획수: **10** 부수: **口** >>> 형성문자

口 + 庚(경) (→ 庚의 전음이 음을 나타냄)

唐突(당돌) ❶ 갑자기, 또는 불의에
　　　　　　❷ 꺼리거나 어려워함이 없이 올차고 다부짐
唐慌(당황) 다급하여 어찌할 바를 모름
荒唐(황당) 터무니없고 허황함

6

呂 음률 **려**

획수: **7** 부수: **口** >>> 상형문자
척추 뼈의 모양을 본뜸

律呂(율려) 음악, 또는 그 가락

7

噴 뿜을 **분**

획수: **15** 부수: **口** >>> 형성문자

口 + 賁(분)

噴霧(분무) 안개처럼 내뿜음

271

噴出(분출) 내뿜음. 뿜어냄
噴火(분화) ❶ 불을 뿜어냄
　　　　❷ 화산이 터져서 활동하는 현상

8 唆 부추길 **사**

획수: **10** 부수: **口** >>> 형성문자

口 + 夋(준) (→ 夋의 전음이 음을 나타냄)

敎唆(교사) 못된 짓을 하도록 부추김
示唆(시사) 미리 암시하여 일러 줌

9 嘗 맛볼 **상**

획수: **14** 부수: **口** >>> 형성문자

'尙(상)'이 음을 나타냄

嘗膽(상담) 쓸개를 맛봄. '원수를 갚고자 고생을 참고 견딤'의 비유
　　　　臥薪嘗膽(와신상담)
嘗味(상미) 맛을 봄. 먹어 봄

10 召 부를 **소**

획수: **5** 부수: **口** >>> 형성문자

口 + 刀(도) (→ 刀의 전음이 음을 나타냄)

召集(소집) 불러서 모음
召喚(소환) 법원이 피고인, 증인 등에게 어디로 올 것을 명령하는 일
召還(소환) 불러들임

11 吳 나라이름 **오**

획수: **7** 부수: **口** >>> 회의문자

口 + 大 (→ 과장해서 말함의 뜻)

국어 실력으로 이어지는 수(秀) 한자: 2급 상

吳越同舟(오월동주) 오나라 사람과 월나라 사람이 같은 배를 탐. '서로 적의 를 품은 자들이 어려운 처지에 함께 놓여 서로 협력함'을 이름

12 嗚 탄식할 오

획수: **13** 부수: 口　　　　　　　　　　　　　>>> 형성문자

口 + 烏(오)

嗚咽(오열) 목메어 욺
嗚呼(오호) 슬퍼서 탄식하는 소리

13 喩 깨우칠 유

획수: **12** 부수: 口　　　　　　　　　　　　　>>> 형성문자

口 + 俞(유)

比喩(비유) 어떤 사물이나 관념을 표현하려고 그와 비슷한 사물이나 관념에 빗대어 설명하는 일
隱喩(은유) 본뜻은 숨기고 비유하려는 형상만 드러내어 설명, 묘사하는 수사법

14 呈 보일 정

획수: **7** 부수: 口　　　　　　　　　　　　　>>> 형성문자

口 + 王(임) (→ 王의 전음이 음을 나타냄)

贈呈(증정) 남에게 물건을 드림
獻呈(헌정) 물건을 바침

15 喆 밝을 철

획수: **12** 부수: 口
哲과 同字

16 哨 보초설 초

획수: **10** 부수: 口　　　　　　　　　　　　　　>>> 형성문자

口 + 肖(초)

哨所(초소) 보초가 서 있는 곳이나, 경계하는 사람이 근무하는 시설
步哨(보초) 경비하거나 망을 보는 임무, 또는 그런 임무를 띤 병사

17 台 별이름 태¹ / 나 이²

획수: **5** 부수: 口　　　　　　　　　　　　　　>>> 형성문자

口 + 厶(사) (→ 台의 전음이 음을 나타냄)

台輔(태보) '宰相(재상)'의 異稱(이칭)

18 哺 먹일 포

획수: **10** 부수: 口　　　　　　　　　　　　　　>>> 형성문자

口 + 甫(보) (→ 甫의 전음이 음을 나타냄)

哺乳(포유) 제 몸의 젖으로 새끼를 먹여 기름
反哺之孝(반포지효) 자식이 자라서 길러 준 부모의 恩惠(은혜)에 보답하는
　　　　　　　　효성

19 含 머금을 함

획수: **7** 부수: 口　　　　　　　　　　　　　　>>> 형성문자

口 + 今(금) (→ 今의 전음이 음을 나타냄)

含量(함량) 들어 있는 양
含有(함유) 어떤 성분을 包含(포함)하고 있음
含蓄(함축) 말, 글 따위에 많은 내용이 집약되어 들어 있음
含哺鼓腹(함포고복) 실컷 먹고 배를 두드림
　　　　　　　　'백성이 배부르게 먹고 평화롭게 삶'을 이름
包含(포함) 속에 들어 있거나 함께 넣음

국어 실력으로 이어지는 수(秀) 한자: 2급 상

20 **后** 왕후 후

획수: **6** 부수: **口** >>> 상형문자

司[맡을 사]의 반대의 모양. 위에 서서 호령을 내리는 사람의 뜻

后妃(후비) 임금의 아내
王后(왕후) 임금의 아내

21 **喉** 목구멍 후

획수: **12** 부수: **口** >>> 형성문자

口 + 侯(후)

喉頭(후두) 호흡기의 한 부분. 숨의 통로가 되고 소리를 내는 기관

22 **噫** 탄식할 희[1] / 트림할 애[2]

획수: **16** 부수: **口** >>> 형성문자

口 + 意(의) (→ 意의 전음이 음을 나타냄)

噫嗚(희오) 슬피 탄식하며 괴로워하는 모양
噫欠(애흠) 트림과 하품

3, 4급

23 **可** 옳을 가

획수: **5** 부수: **口** >>> 형성문자

口 + 丁(정) (→ 丁의 전음이 음을 나타냄)

可決(가결) / **可能**(가능) / **可望**(가망) / **可否**(가부) / **認可**(인가) / **許可**(허가)

24 **告** 고할 고[1] / 뵙고 청할 곡[2]

획수: **7** 부수: **口** >>> 회의문자

牛[소] + 口

희생으로 쓰기위해 잡은 소를 바쳐 신(神)이나 조상에 고하다의 뜻

告白(고백) / **告訴**(고소) / **告示**(고시) / **警告**(경고) / **報告**(보고) / **布告**(포고)

25

句 글귀 구

획수: **5** 부수: 口 >>> 회의문자

勹[굽은 모양] + 口[말] (→ 문장이나 글귀의 뜻)

句節(구절) / **警句**(경구) / **詩句**(시구) / **語句**(어구) / **字句**(자구)

26

君 임금 군

획수: **7** 부수: 口 >>> 회의문자

尹 + 口 (→ 호령하여 사람을 다스림의 뜻)

君師父一體(군사부일체) / **君臣有義**(군신유의) / **君爲臣綱**(군위신강) /
君子(군자) / **君主**(군주) / **暴君**(폭군)

27

器 그릇 기

획수: **16** 부수: 口 >>> 회의문자

개고기를 네 개의 접시에 쌓아 올린 모양. 전하여, 그릇의 뜻

器官(기관) / **器具**(기구) / **器量**(기량) / **容器**(용기) / **祭器**(제기)

28

吉 길할 길

획수: **6** 부수: 口 >>> 회의문자

口 + 士[선비] (→ 훌륭한 사람이 하는 말은 모두가 훌륭하다는 뜻)

吉夢(길몽) / **吉日**(길일) / **吉兆**(길조) / **吉凶**(길흉)

29

單 홑 단[1] / 오랑캐 임금 선[2]

획수: **12** 부수: 口 >>> 상형문자

국어 실력으로 이어지는 수(秀) 한자: 2급 상

끝이 두 갈래인 사냥도구인 활의 일종(一種)의 상형. 가차하여 '홑'의 뜻으로 쓰인다

單刀直入(단도직입) / **單獨**(단독) / **單純**(단순) / **單位**(단위) / **單任**(단임) / **簡單**(간단)

30

吏 관리 리
획수: **6** 부수: **口**　　　　　　　　　　　　　　>>> 회의문자
一 + 史[공적인 기록을 적는 사람]
관리는 일심으로 일하는 사람이라는 뜻

吏讀(이두) / **官吏**(관리) / **汚吏**(오리)

31

味 맛 미
획수: **8** 부수: **口**　　　　　　　　　　　　　　>>> 형성문자
口 + 未(미)

味覺(미각) / **意味**(의미) / **眞味**(진미) / **趣味**(취미) / **興味**(흥미)

32

否 아닐 부¹ / 막힐 비²
획수: **7** 부수: **口**　　　　　　　　　　　　　　>>> 회의문자
口 + 不[부정의 뜻]

否決(부결) / **否認**(부인) / **否定**(부정) / **可否**(가부) / **拒否**(거부) / **安否**(안부)

33

司 맡을 사
획수: **5** 부수: **口**　　　　　　　　　　　　　　>>> 회의문자
刀 + 口
'刀(사)'는 사람의 뜻이라고도 하고, 제사의 기(旗)의 뜻이라고도함
'口(구)' 는 기도하는 말의 뜻
신의 뜻을 여쭈어 제사를 담당한다는 뜻에서 '맡다'의 뜻이 나왔다

司法(사법) / 司書(사서) / 司正(사정) / 司會(사회) / 上司(상사)

34 史 역사 사

획수: **5** 부수: **口**　　　　　　　　　　　　　　>>> 회의문자

中 + 又[손]

기록은 공평하지 않으면 안되기 때문에 손에 중정(中正)을 가진다는 뜻

史官(사관) / 史料(사료) / 史蹟(사적) / 歷史(역사) / 野史(야사) / 正史(정사)

35 商 장사 상

획수: **11** 부수: **口**　　　　　　　　　　　　　　>>> 형성문자

內 + 章(장) (→ 章의 생략형의 전음이 음을 나타냄)

商圈(상권) / 商業(상업) / 商標(상표) / 商品(상품) / 通商(통상) / 行商(행상)

36 喪 죽을 상¹ / 잃을 상²

획수: **12** 부수: **口**　　　　　　　　　　　　　　>>> 회의문자

哭[울다] + 亡[망하다] (→ 사람이 죽어 울며 슬퍼함의 뜻)

喪家(상가) / 喪服(상복) / 喪失(상실) / 喪心(상심) / 問喪(문상) / 初喪(초상)

37 善 착할 선¹ / 옳게여길 선²

획수: **12** 부수: **口**　　　　　　　　　　　　　　>>> 회의문자

言[말] + 羊[양] (→ 羊은 '좋다'의 의미. 경사스러운 말의 뜻)

善惡(선악) / 善行(선행) / 獨善(독선) / 僞善(위선) / 親善(친선) /
善男善女(선남선녀)

38 哀 슬플 애

획수: **9** 부수: **口**　　　　　　　　　　　　　　>>> 형성문자

口 + 衣(의) (→ 衣의 전음이 음을 나타냄)

국어 실력으로 이어지는 수(秀) 한자: 2급 상

哀乞(애걸) / 哀悼(애도) / 哀願(애원) / 哀切(애절) / 哀歡(애환) / 悲哀(비애)

39

嚴 엄할 엄

획수: **20** 부수: 口   >>> 형성문자

口口 + 厰(감) (→ 厰의 전음이 음을 나타냄)

嚴格(엄격) / 嚴冬(엄동) / 嚴命(엄명) / 嚴正(엄정) / 謹嚴(근엄) / 威嚴(위엄)

40

吾 나 오

획수: **7** 부수: 口   >>> 형성문자

口 + 五(오)

吾等(오등)

41

員 인원 원

획수: **10** 부수: 口   >>> 회의문자

貝 + 口
'貝(패)'는 세발솥의 상형
'口(구)'는 둥글다는 의미
둥근 솥의 뜻에서 파생하여 물건의 수효의 뜻을 나타냄

減員(감원) / 缺員(결원) / 官員(관원) / 滿員(만원) / 人員(인원) / 定員(정원)

42

唯 오직 유[1] / 대답할 유[2]

획수: **11** 부수: 口   >>> 형성문자

口 + 隹(추) (→ 隹의 전음이 음을 나타냄)

唯物(유물) / 唯我獨尊(유아독존) / 唯一(유일)

279

43 吟 읊을 **음**

획수: **7** 부수: **口** >>> 형성문자

口 + 今(금) (→ 今의 전음이 음을 나타냄)

吟味(음미) / **吟風弄月**(음풍농월)

44 哉 어조새 **재**

획수: **9** 부수: **口** >>> 형성문자

口 + 戋(재)

嗚呼痛哉(오호통재)

45 周 두루 **주**

획수: **8** 부수: **口** >>> 회의문자

用[쓸 용] + 口 (→ 말을 하는데는 조심해야 한다는 뜻)

周到(주도) / **周邊**(주변) / **周圍**(주위) / **周知**(주지) / **一周**(일주)

46 只 다만 **지**

획수: **5** 부수: **口** >>> 회의문자

口 + 八

八은 기(氣)가 아래로 내려가는 것. 본래 말이 끝났다는 것을 표시하는 어조사였는데 '다만'의 뜻으로 가차되었다

只今(지금) / **但只**(단지)

47 唱 노래 **창**

획수: **11** 부수: **口** >>> 형성문자

口 + 昌(창)

唱劇(창극) / **愛唱**(애창) / **齊唱**(제창) / **主唱**(주창)

국어 실력으로 이어지는 수(秀) 한자: 2급 상

48 哲 밝을 **철**

획수: **10** 부수: 口

>>> 형성문자

口 + 折(절) (→ 折의 전음이 음을 나타냄)

哲人(철인) / **哲學**(철학) / **明哲**(명철)

49 吹 불 **취**

획수: **7** 부수: 口

>>> 회의문자

口 + 欠[숨을 내쉼] (→ 크게 숨을 내쉼의 뜻)

吹奏(취주) / **鼓吹**(고취)

50 吐 토할 **토**

획수: **6** 부수: 口

>>> 형성문자

口 + 土(토)

吐露(토로) / **嘔吐**(구토) / **實吐**(실토)

51 咸 다 **함**

획수: **9** 부수: 口

>>> 회의문자

戌 + 口

咸告(함고) / **咸興差使**(함흥차사)

52 呼 부를 **호**

획수: **8** 부수: 口

>>> 형성문자

口 + 乎(호)

呼名(호명) / **呼出**(호출) / **呼稱**(호칭) / **呼吸**(호흡) / **點呼**(점호) /
歡呼(환호)

53 吸 숨들이쉴 **흡**

획수: **7** 부수: 口 　　　　　　　　　　　　　　>>> 형성문자

口 + 及(급) (→ 及의 전음이 음을 나타냄)

吸收(흡수) / **吸煙**(흡연) / **吸入**(흡입) / **呼吸**(호흡)

54 喜 기쁠 **희**

획수: **12** 부수: 口 　　　　　　　　　　　　　>>> 회의문자

口 + 효(악기) (→음악을 들으며 입을 벌려 좋아하며 웃음의 뜻)

喜劇(희극) / **喜怒哀樂**(희로애락) / **喜悲**(희비) / **喜悅**(희열) /
喜喜樂樂(희희낙락) / **歡喜**(환희)

국어 실력으로 이어지는 수(秀) 한자: 2급 상

103

曰 가로 왈

입을 열어 말하는 모양을 나타냄.

1

曹 무리 조

획수: **11** 부수: **曰** >>> 회의문자

棘 + 曰

法曹(법조) 법과, 변호사 등 법률관계 일을 하는 사람
六曹(육조) 고려, 조선 시대의 최고 행정 기관의 총칭

2

替 바꿀 체

획수: **12** 부수: **曰** >>> 회의문자

曰 + 夫夫(竝)

'竝(병)'은 나란히 선 두 사람의 상형
두 벼슬아치가 큰 소리를 질러 인계를 하는 모양에서 '바꾸다'의 뜻을 나타냄

交替(교체) 바꿈
代替(대체) 다른 것으로 바꿈

3

更 고칠 경¹ / 다시 갱²

획수: **7** 부수: **曰** >>> 형성문자

攴 + 丙(병) (→ 丙의 전음이 음을 나타냄)

更生(갱생) / 更新(갱신/경신) / 更迭(경질) / 變更(변경)

4 曲 굽을 곡

획수: **6** 부수: 曰 　　　　　　　　　　　　　 >>> 상형문자

물건이 꼬불꼬불 굽은 모양을 본뜬 글자

曲線(곡선) / 曲藝(곡예) / 曲調(곡조) / 曲學阿世(곡학아세) /
曲解(곡해) / 懇曲(간곡)

5 曰 가로 왈

획수: **4** 부수: 曰 　　　　　　　　　　　　　 >>> 지사문자

말이 입[口(구)]에서 나오는[一] 것을 표시한 것

曰可曰否(왈가왈부)

6 曾 일찍 증

획수: **12** 부수: 曰 　　　　　　　　　　　　 >>> 회의문자

八 + 田[밭] + 曰

曾孫(증손) / 曾祖(증조) / 未曾有(미증유)

7 最 가장 최

획수: **12** 부수: 曰 　　　　　　　　　　　　 >>> 회의문자

曰 + 取

最強(최강) / 最高(최고) / 最近(최근) / 最新(최신) / 最終(최종) / 最初(최초)

104

甘 달 감

입 속에 무언가 머금고 있는 형상을 표현한 글자이다.

3, 4급

1

甘 달 감

획수: **5** 부수: **甘**   >>> 지사문자

입 속에 무엇을 물고 있는 모양

甘受(감수) / **甘言利說**(감언이설) / **甘酒**(감주) / **甘吞苦吐**(감탄고토) /
苦盡甘來(고진감래)

2

甚 심할 심

획수: **9** 부수: **甘**   >>> 회의문자

甘 + 匹[짝 필] (→ 남녀가 짝을 이루어 즐겁다는 뜻)

甚難(심난) / **極甚**(극심) / **深甚**(심심)

105

舌 혀 설

입 밖으로 내민 혀를 표현한 글자로 보인다.

2급

1

舒 펼 서
획수: **12** 부수: **舌**　　　　　　　　　　　　　　　　>>> 형성문자
舍(사)의 전음이 음을 나타냄

敍事(서사) 사실을 있는 그대로 서술함, 또는 그 글
敍述(서술) 일정한 내용을 차례에 따라 말하거나 적음
敍情(서정) 자기가 느낀 感情(감정)을 나타냄

3, 4급

2

舍 집 사¹ / 쉴 사²
획수: **8** 부수: **舌**　　　　　　　　　　　　　　　　>>> 상형문자
지붕과 토대를 그린 집의 모양. 놓음의 뜻이 된다

舍監(사감) / **不舍晝夜**(불사주야) / **校舍**(교사) / **驛舍**(역사)

3

舌 혀 설
획수: **6** 부수: **舌**　　　　　　　　　　　　　　　　>>> 상형문자

舌戰(설전) / **舌禍**(설화) / **口舌**(구설) / **毒舌**(독설) / **長廣舌**(장광설)

106 言 말씀 언

말을 하는 입[口]과 혀를 표현한 글자이다.
言자 부수에 속하는 한자는 일반적으로 입의 역할이나 언어활동과 관련된 뜻을 지닌다.

2급

1

諫 간할 **간**
획수: **16** 부수: **言**　　　　　　　　　　　>>> 형성문자
言 + 柬(간)

諫爭(간쟁) 굳게 간하여 잘못을 고치게 함
忠諫(충간) 충성으로 간함

2

訣 헤어질 **결**
획수: **11** 부수: **言**　　　　　　　　　　　>>> 형성문자
言 + 夬(결)

訣別(결별) ❶ 기약 없는 離別(이별)
　　　　　　❷ 관계, 교제를 영원히 끊음
祕訣(비결) 무슨 일을 함에 있어서 남이 알지 못하는 가장 효과적인 方法
　　　　　(방법)

3

謙 겸손할 **겸**
획수: **17** 부수: **言**　　　　　　　　　　　>>> 형성문자
言 + 兼(겸)

謙遜(겸손) 남을 높이고 자기를 낮추는 태도가 있음

謙讓(겸양) 겸손한 태도로 사양함

謙虛(겸허) 겸손하게 제 몸을 낮추어 교만한 기가 없음

4 **誇** 자랑할 **과**

획수: **13** 부수: **言**   >>> 형성문자

言 + 夸(과)

誇大妄想(과대망상) 작은 것을 사실 이상으로 크게 평가하는 헛된 생각

誇示(과시) 뽐내어 보임

誇張(과장) 실제보다 지나치게 떠벌려 나타냄

5 **諾** 허락할 **낙**

획수: **16** 부수: **言**   >>> 형성문자

言 + 若(약) (→ 若의 전음이 음을 나타냄)

受諾(수락) 요구를 받아들여 승낙함

承諾(승낙) 청하는 말을 들어줌

應諾(응낙) 부탁의 말을 들어줌

許諾(허락) 청하고 바라는 바를 들어줌

6 **謄** 베낄 **등**

획수: **17** 부수: **言**   >>> 형성문자

言 + 朕(짐) (→ 朕의 전음이 음을 나타냄)

謄本(등본) 원본대로 베껴 적은 서류

謄寫(등사) 原本(원본)을 베껴 씀

7 **諒** 살필 **량**

획수: **15** 부수: **言**   >>> 형성문자

言 + 京(경) (→ 京의 전음이 음을 나타냄)

諒知(양지) 살펴서 앎

諒解(양해) 헤아려 이해함

국어 실력으로 이어지는 수(秀) 한자: 2급 상

8

謬 그릇될 류

획수: **18** 부수: **言**　　　　　　　　　　　　>>> 형성문자

言 + 翏(료) (→ 翏의 전음이 음을 나타냄)

謬習(유습) 그릇된 습관
誤謬(오류) ❶ 그릇되어 이치에 어긋남
　　　　　　 ❷ 그릇된 견해나 인식

9

謨 꾀 모

획수: **18** 부수: **言**　　　　　　　　　　　　>>> 형성문자

言 + 莫(모)

謨訓(모훈) ❶ 국가의 大計(대계)
　　　　　　 ❷ 後王(후왕)의 모범이 될 가르침

10

謀 꾀할 모

획수: **16** 부수: **言**　　　　　　　　　　　　>>> 형성문자

言 + 某(모)

謀略(모략) 남을 해치려고 속임수를 써서 일을 꾸밈
謀免(모면) 꾀를 써서 어려움에서 벗어남
謀反(모반) 나라나 임금을 배반하여 군사를 일으킴
謀議(모의) 어떤 일을 하려고 꾀하고 의논함
無謀(무모) 꾀와 수단이 없음
陰謀(음모) 몰래 좋지 못한 일을 꾸밈

11

謗 헐뜯을 방

획수: **17** 부수: **言**　　　　　　　　　　　　>>> 형성문자

言 + 旁(방)

誹謗(비방) 남을 헐뜯고 욕함
毀謗(훼방) ❶ 남을 헐어서 비방함
　　　　　　 ❷ 남의 일을 방해함

12 **訃** 부고 **부**

획수: **9** 부수: **言**   >>> 형성문자

言 + 卜(복) (→ 卜의 전음이 음을 나타냄)

訃告(부고) 사람이 죽은 것을 알리는 통지

13 **詞** 말 **사**

획수: **12** 부수: **言**   >>> 형성문자

言 + 司(사)

詞林(사림) ❶ 詩文(시문)을 모은 책
            ❷ 시인, 문객의 세계
歌詞(가사) 노랫말
品詞(품사) 어휘를 그 의미, 기능, 형태에 의하여 분류한 것

14 **詳** 자세할 **상**

획수: **13** 부수: **言**   >>> 형성문자

言 + 羊(양) (→ 羊의 전음이 음을 나타냄)

詳細(상세) 자상하고 세밀함
詳述(상술) 자세하게 진술함
未詳(미상) ❶ 상세하지 않음
            ❷ 알려지지 않음
昭詳(소상) 분명하고 자세함
仔詳(자상) 매우 자세함. 꼼꼼함

15 **誓** 맹세할 **서**

획수: **14** 부수: **言**   >>> 형성문자

言 + 折(절) (→ 折의 전음이 음을 나타냄)

誓約(서약) 맹세하여 약속함
盟誓(맹서) 굳게 다짐하여 약속함
宣誓(선서) 여러 사람 앞에서 공개적으로 맹세하는 일

국어 실력으로 이어지는 수(秀) 한자: 2급 상

16

訴 하소연할 **소**

획수: **12** 부수: **言**　　　　　　　　　　　　　>>> 형성문자

言 + 斥(척) (→ 斥의 전음이 음을 나타냄)

訴訟(소송) 법원에 재판을 청구함
上訴(상소) 상급 법원에 판결을 다시 요구하는 일
勝訴(승소) 소송에서 이김
呼訴(호소) 자기의 억울한 사정을 관청이나 남에게 하소연함

17

誦 욀 **송**

획수: **14** 부수: **言**　　　　　　　　　　　　　>>> 형성문자

言 + 甬(용) (→ 甬의 전음이 음을 나타냄)

朗誦(낭송) 소리 내어 읽음
暗誦(암송) 책을 보지 아니하고 글을 욈

18

謁 뵐 **알**

획수: **16** 부수: **言**　　　　　　　　　　　　　>>> 형성문자

言 + 曷(갈) (→ 曷의 전음이 음을 나타냄)

謁見(알현) 신분이 높은 사람을 만나 뵙는 일
拜謁(배알) 높은 어른을 만나 뵘

19

譯 번역할 **역**

획수: **20** 부수: **言**　　　　　　　　　　　　　>>> 형성문자

言 + 睪(역)

譯官(역관) 지난날, 통역, 번역을 맡아보던 관리
翻譯(번역) 어떤 언어로 된 글을 다른 언어의 글로 옮겨 놓음
意譯(의역) 原文(원문)을 그대로 번역하지 않고 문장 전체의 뜻을 살리는 번역
通譯(통역) 서로 통하지 않는 양쪽의 말을 번역하여 뜻을 전함

20 詠 읊을 **영**

획수: **12** 부수: **言**　　　　　　　　　　　>>> 형성문자

言 + 永(영)

詠歎(영탄) ❶ 소리를 길게 뽑아 읊음
　　　　 ❷ 감동하여 讚歎(찬탄)함
吟詠(음영) 시가를 읊조림

21 譽 기릴 **예**

획수: **21** 부수: **言**　　　　　　　　　　　>>> 형성문자

言 + 與(여) (→ 與의 전음이 음을 나타냄)

名譽(명예) 세상 사람들로부터 받는 높은 평가와 이에 따르는 영광
榮譽(영예) 빛나는 명예

22 謂 이를 **위**

획수: **16** 부수: **言**　　　　　　　　　　　>>> 형성문자

言 + 胃(위)

所謂(소위) 이른바

23 誘 꾈 **유**

획수: **14** 부수: **言**　　　　　　　　　　　>>> 형성문자

言 + 秀(수) (→ 秀의 전음이 음을 나타냄)

誘拐(유괴) 사람을 속여 꾀어냄
誘導(유도) 꾀어서 이끎
誘發(유발) 어떤 일이 원인이 되어 다른 일이 일어남, 또는 일으킴
誘惑(유혹) 꾀어서 마음을 眩惑(현혹)하게 함
勸誘(권유) 어떤 일을 하도록 권함

국어 실력으로 이어지는 수(秀) 한자: 2급 상

24 **諮** 물을 **자**

획수: **16** 부수: **言**　　　　　　　　　　　　>>> 형성문자

言 + 咨(자)

諮問(자문) 전문가에게 의견을 물음

25 **註** 주낼 **주**

획수: **12** 부수: **言**　　　　　　　　　　　　>>> 형성문자

言 + 主(주)

註釋(주석) 낱말이나 문장의 뜻을 알기 쉽게 풀이함
脚註(각주) 본문의 보충 설명을 위하여 본문 아래에 따로 베푼 풀이

26 **診** 진찰할 **진**

획수: **12** 부수: **言**　　　　　　　　　　　　>>> 형성문자

言 + 㐱(진)

診斷(진단) 의사가 환자를 진찰하여 병의 증상을 판단함
診療(진료) 진찰하고 치료함
診察(진찰) 의사가 병의 원인과 증상을 살펴봄
檢診(검진) 병의 有無(유무)를 검사하기 위하여 하는 진찰
往診(왕진) 의사가 환자가 있는 곳에 가서 진찰함

27 **讚** 기릴 **찬**

획수: **26** 부수: **言**　　　　　　　　　　　　>>> 형성문자

言 + 贊(찬)

讚美(찬미) 기리어 칭송함
讚辭(찬사) 칭찬하는 말이나 글
讚頌(찬송) 덕을 稱頌(칭송)함
讚揚(찬양) 칭찬하여 드러냄
禮讚(예찬) 존경하여 찬양함
稱讚(칭찬) 좋은 점을 일컬어 기림

28 **諜** 염탐할 **첩**

획수: **16** 부수: **言**   >>> 형성문자

言 + 枼(엽) (→ 枼의 전음이 음을 나타냄)

諜報(첩보) 적의 형편을 염탐하여 알려줌
諜者(첩자) 염탐꾼. 간첩
間諜(간첩) 적국의 내정을 몰래 살피는 사람

29 **託** 부탁할 **탁**

획수: **10** 부수: **言**   >>> 형성문자

言 + 乇(탁)

託送(탁송) 남에게 부탁하여 물건을 보냄
付託(부탁) 남에게 어떤 일을 해 달라고 당부함
信託(신탁) 신용하여 맡김
委託(위탁) 남에게 맡겨 부탁함
請託(청탁) 무엇을 해 달라고 청하며 부탁함

30 **誕** 태어날 **탄**

획수: **14** 부수: **言**   >>> 형성문자

言 + 延(연) (→ 延의 전음이 음을 나타냄)

誕生(탄생) 사람이 태어남
誕辰(탄신) 임금, 성인이 태어난 날
聖誕(성탄) 성인인 임금의 탄생

31 **該** 갖출 **해**

획수: **13** 부수: **言**   >>> 형성문자

言 + 亥(해)

該當(해당) ❶ 관련되는 바로 그것
　　　　　　 ❷ 바로 들어맞음
該博(해박) 사물에 관하여 널리 앎

국어 실력으로 이어지는 수(秀) 한자: 2급 상

32 護 지킬 호

획수: **21** 부수: **言**　　　　　　　　　　>>> 형성문자

言 + 蒦(확) (→ 蒦의 전음이 음을 나타냄)

護國(호국) 나라를 지킴
護送(호송) 보호하여 보냄
護身(호신) 자기 몸을 보호함
護衛(호위) 보호하여 지킴
保護(보호) 돌보아서 잘 지킴
守護(수호) 지키어 보호함

`3, 4급`

33 講 익힐 강

획수: **17** 부수: **言**　　　　　　　　　　>>> 형성문자

言 + 冓(구)

講讀(강독) / 講論(강론) / 講義(강의) / 講座(강좌) / 開講(개강) / 受講(수강)

34 警 경계할 경

획수: **20** 부수: **言**　　　　　　　　　　>>> 형성문자

言 + 敬(경)

警戒(경계) / 警告(경고) / 警報(경보) / 警備(경비) / 軍警(군경)

35 課 과할 과

획수: **15** 부수: **言**　　　　　　　　　　>>> 형성문자

言 + 果(과)

課稅(과세) / 課業(과업) / 課外(과외) / 課題(과제) / 賦課(부과) / 日課(일과)

36 謹 삼갈 **근**
획수: **18** 부수: **言**　　　　　　　　　　　　　>>> 형성문자
言 + 堇(근)

謹愼(근신) / 謹嚴(근엄) / 謹弔(근조)

37 談 말씀 **담**
획수: **15** 부수: **言**　　　　　　　　　　　　　>>> 형성문자
言 + 炎(염) (→ 炎의 전음이 음을 나타냄)

談笑(담소) / 談判(담판) / 談話(담화) / 美談(미담) / 會談(회담)

38 論 논의할 **론**
획수: **15** 부수: **言**　　　　　　　　　　　　　>>> 형성문자
言 + 侖(륜) (→ 侖의 전음이 음을 나타냄)

論功行賞(논공행상) / 論文(논문) / 論議(논의) / 論評(논평) / 與論(여론) /
持論(지론)

39 訪 찾을 **방**
획수: **11** 부수: **言**　　　　　　　　　　　　　>>> 형성문자
言 + 方(방)

訪問(방문) / 來訪(내방) / 巡訪(순방) / 探訪(탐방)

40 變 변할 **변**
획수: **23** 부수: **言**　　　　　　　　　　　　　>>> 회의문자
䜌 + 攵 (→ '䜌(련)'은 '계속하다'의 뜻. 연속된 것을 잘라서 바꾸다의 뜻)

變更(변경) / 變動(변동) / 變革(변혁) / 變化(변화) / 逢變(봉변) / 事變(사변)

국어 실력으로 이어지는 수(秀) 한자: 2급 상

41 譜 계보 **보**

획수: **19** 부수: **言**   >>> 형성문자

言 + 普(보)

譜牒(보첩) / 譜學(보학) / 族譜(족보)

42 詐 속일 **사**

획수: **12** 부수: **言**   >>> 형성문자

言 + 乍(사)

詐欺(사기) / 詐稱(사칭)

43 謝 사례할 **사**

획수: **17** 부수: **言**   >>> 형성문자

言 + 射(사)

謝禮(사례) / 謝意(사의) / 謝絶(사절) / 謝罪(사죄) / 感謝(감사) / 厚謝(후사)

44 設 베풀 **설**

획수: **11** 부수: **言**   >>> 회의문자

言 + 殳[시킴]
지시하여 물건을 늘어놓게 함의 뜻

設計(설계) / 設立(설립) / 設定(설정) / 附設(부설) / 增設(증설)

45 說 말씀 **설**[1] / 달랠 **세**[2] / 기쁠 **열**[3]

획수: **14** 부수: **言**   >>> 형성문자

言 + 兌(태) (→ 兌의 전음이 음을 나타냄)

說明(설명) / 說往說來(설왕설래) / 說話(설화) / 說樂(열락) /
解說(해설) / 遊說(유세)

46 **誠** 정성 **성**

획수: **14** 부수: **言**   >>> 형성문자

言 + 成(성)

誠金(성금) / **誠實**(성실) / **誠意**(성의) / **精誠**(정성) / **忠誠**(충성)

47 **訟** 송사할 **송**

획수: **11** 부수: **言**   >>> 형성문자

言 + 公(공) (→ 公의 전음이 음을 나타냄)

訟事(송사) / **訴訟**(소송)

48 **誰** 누구 **수**

획수: **15** 부수: **言**   >>> 형성문자

言 + 隹(추) (→ 隹의 전음이 음을 나타냄)

誰怨誰咎(수원수구)

49 **試** 시험할 **시**

획수: **13** 부수: **言**   >>> 형성문자

言 + 式(식) (→ 式의 전음이 음을 나타냄)

試金石(시금석) / **試鍊**(시련) / **試乘**(시승) / **試驗**(시험) / **入試**(입시)

50 **識** 알 **식**[1] / 기록할 **지**[2]

획수: **19** 부수: **言**   >>> 형성문자

言 + 戠(시) (→ 戠의 전음이 음을 나타냄)

識別(식별) / **識者**(식자) / **識字憂患**(식자우환) / **博識**(박식) / **學識**(학식) / **標識**(표지)

51 讓 사양할 **양**

획수: **24** 부수: **言**

言 + 襄(양)

>>> 형성문자

讓渡(양도) / 讓步(양보) / 謙讓(겸양) / 辭讓(사양)

52 誤 그르칠 **오**

획수: **14** 부수: **言**

言 + 吳(오)

>>> 형성문자

誤謬(오류) / 誤譯(오역) / 誤診(오진) / 誤解(오해) / 過誤(과오) / 錯誤(착오)

53 謠 노래 **요**

획수: **17** 부수: **言**

言 + 䍃(요)

>>> 형성문자

歌謠(가요) / 童謠(동요) / 民謠(민요)

54 議 의논할 **의**

획수: **20** 부수: **言**

言 + 義(의)

>>> 형성문자

議決(의결) / 議題(의제) / 議員(의원) / 異議(이의) / 抗議(항의)

55 認 알 **인**

획수: **14** 부수: **言**

言 + 忍(인)

>>> 형성문자

認識(인식) / 認定(인정) / 認知(인지) / 否認(부인) / 承認(승인) / 是認(시인)

56 訂 바로잡을 정
획수: **9** 부수: **言** >>> 형성문자
言 + 丁(정)

訂正(정정) / **改訂**(개정) / **修訂**(수정)

57 諸 모든 제
획수: **16** 부수: **言** >>> 형성문자
言 + 者(자) (→ 者의 전음이 음을 나타냄)

諸君(제군) / **諸般**(제반) / **諸行無常**(제행무상) / **諸侯**(제후)

58 調 고를 조¹ / 아침 주²
획수: **15** 부수: **言** >>> 형성문자
言 + 周(주)

調理(조리) / **調査**(조사) / **調節**(조절) / **調停**(조정) / **調和**(조화) / **曲調**(곡조)

59 證 증거 증
획수: **19** 부수: **言** >>> 형성문자
言 + 登(등) (→ 登의 전음이 음을 나타냄)

證據(증거) / **證明**(증명) / **證書**(증서) / **證人**(증인) / **考證**(고증) / **僞證**(위증)

60 誌 기록할 지
획수: **14** 부수: **言** >>> 형성문자
言 + 志(지)

誌面(지면) / **日誌**(일지) / **雜誌**(잡지)

61 請 청할 **청**
획수: **15** 부수: **言** >>> 형성문자
言 + 靑(청)

請求(청구) / 請願(청원) / 請牒(청첩) / 請託(청탁) / 懇請(간청) / 要請(요청)

62 討 칠 **토**
획수: **10** 부수: **言** >>> 회의문자
言 + 寸[법도] (→ 법에 의하여 어지러움을 바르게 다스림의 뜻)

討論(토론) / 討伐(토벌) / 檢討(검토) / 聲討(성토)

63 評 평론할 **평**
획수: **12** 부수: **言** >>> 형성문자
言 + 平(평)

平價(평가) / 評論(평론) / 評傳(평전) / 評判(평판) / 批評(비평) / 酷評(혹평)

64 許 허락할 **허**
획수: **11** 부수: **言** >>> 형성문자
言 + 午(오) (→ 午의 전음이 음을 나타냄)

許可(허가) / 許諾(허락) / 許容(허용) / 特許(특허)

65 訓 가르칠 **훈**
획수: **10** 부수: **言** >>> 형성문자
言 + 川(천) (→ 川의 전음이 음을 나타냄)

訓戒(훈계) / 訓讀(훈독) / 訓練(훈련) / 訓示(훈시) / 敎訓(교훈)

107

音 소리 음

말을 할 때 중요한 역할을 하는 혀와 입, 그리고 입 가운데 작은 선을 덧붙여 표현한 글자이다.

2급

1

韻 운 운

획수: **19** 부수: **音** >>> 형성문자

音 + 員(운)

韻律(운율) 詩文(시문)을 이루는 단어의 배열과 글자의 발음에 의해 시적 정
서를 자아내는 음조
韻致 (운치) 고아한 품격을 갖춘 멋
餘韻(여운) ❶ 소리가 그친 다음에도 남아 있는 어렴풋한 울림
❷ 일이 끝난 뒤에 남아 있는 느낌이나 정취

3, 4급

2

響 울릴 향

획수: **22** 부수: **音** >>> 형성문자

音 + 鄕(향)

反響(반향) / **影響**(영향) / **音響**(음향)

108

齒 이 치

입 안 위아래에 나란히 나 있는 이를 표현한 글자이다.
후에 음의 역할을 하는 止[그칠 지]자를 덧붙였다.

2급

1

齡 나이 령
획수: **20** 부수: **齒**　　　　　　　　　　　　　　　>>> 형성문자
齒 + 令(령)

年齡(연령) 나이
高齡(고령) 나이가 많음
妙齡(묘령) 젊은 여자의 꽃다운 나이. 곧, 스물 안팎의 나이
適齡(적령) 알맞은 나이

3, 4급

2

齒 이 치
획수: **15** 부수: **齒**　　　　　　　　　　　　　　　>>> 형성문자
齒[이의 모양] + 止(지) (→ 止의 전음이 음을 나타냄)

齒石(치석) / **齒牙**(치아) / **齒痛**(치통) / **蟲齒**(충치)

303

牙 어금니 **아**

입 안쪽에 있는 어금니를 표현한 글자이다.

2급

1

牙 어금니 **아**

획수: **4** 부수: **牙**　　　　　　　　　　　　　　　>>> 상형문자

象牙(상아) 코끼리의 엄니

象牙塔(상아탑) ❶ 상아로 정교하게 쌓은 탑

　　　　　　❷ '대학이나 대학의 연구실'의 **異稱**(이칭)

齒牙(치아) 이와 어금니. '사람의 이'를 점잖게 이르는 말

제6장
사람 관련 부수

신체 일부

110

目 눈 목

눈을 표현한 글자이다.
目자 부수에 속하는 한자는 눈의 일부분이나 눈의 역할과 관계된 뜻을 지닌다.

2급

1

瞞 속일 **만**¹ / 부끄러워할 **문**²
획수: **16** 부수: **目**　　　　　　　　　　　　>>> 형성문자
目 + 㒼(만)

欺瞞(기만) 남을 그럴듯하게 속여 넘김

2

眉 눈썹 **미**
획수: **9** 부수: **目**　　　　　　　　　　　　>>> 상형문자
눈썹을 본뜬 글자

眉間(미간) 두 눈썹 사이
白眉(백미) 흰 눈썹. '여럿 중에서 가장 뛰어난 것'을 이름
焦眉(초미) 눈썹에 불이 붙음. '매우 위급함'의 비유

3

睡 졸 **수**
획수: **13** 부수: **目**　　　　　　　　　　　>>> 형성문자
目 + 垂(수)

睡眠(수면) 잠, 또는 잠을 잠
昏睡(혼수) ❶ 정신없이 깊이 잠듦
　　　　　 ❷ 의식이 없음

4

盾 방패 **순**

획수: **9** 부수: **目** >>> 상형문자

방패로 눈을 가리고 있는 모양

矛盾(모순) 말이나 행동의 앞뒤가 서로 맞지 아니함

5

瞬 눈깜짝할 **순**

획수: **17** 부수: **目** >>> 형성문자

目 + 舜(순)

瞬間(순간) 눈 깜짝할 사이
瞬息間(순식간) 눈을 한 번 깜짝이거나 숨을 한 번 쉴 동안. 매우 짧은 시간

6

眈 노려볼 **탐**

획수: **9** 부수: **目** >>> 형성문자

目 + 冘(유) (→ 冘의 전음이 음을 나타냄)

虎視眈眈(호시탐탐) 범이 눈을 부릅뜨고 먹이를 노려봄. '기회를 노리고 가
만히 정세를 관망함'의 비유

3, 4급

7

看 볼 **간**

획수: **9** 부수: **目** >>> 회의문자

手 + 目 (→ 이마에 손을 대고 멀리 바라봄의 의미)

看過(간과) / **看做**(간주) / **看破**(간파) / **看板**(간판) / **看護**(간호)

8

督 감독할 **독**

획수: **13** 부수: **目** >>> 형성문자

目 + 叔(숙) (→ 叔의 전음이 음을 나타냄)

督勵(독려) / **督促**(독촉) / **監督**(감독)

9 **盲** 소경 **맹**

획수: **8** 부수: **目**   >>> 형성문자

目 + 亡(망) (→ 亡의 전음이 음을 나타냄)

盲目(맹목) / **盲信**(맹신) / **盲人**(맹인) / **文盲**(문맹) / **色盲**(색맹)

10 **眠** 잠잘 **면**

획수: **10** 부수: **目**   >>> 형성문자

目 + 民(민) (→ 民의 전음이 음을 나타냄)

冬眠(동면) / **睡眠**(수면) / **熟眠**(숙면) / **永眠**(영면) / **催眠**(최면)

11 **睦** 화목할 **목**

획수: **13** 부수: **目**   >>> 형성문자

目 + 坴(륙) (→ 坴의 전음이 음을 나타냄)

親睦(친목) / **和睦**(화목)

12 **相** 서로 **상**¹ / 볼 **상**²

획수: **9** 부수: **目**   >>> 회의문자

木 + 目 (→ 나무에 올라보면 잘 보임의 뜻)

相關(상관) / **相談**(상담) / **相逢**(상봉) / **相扶相助**(상부상조) /
相續(상속) / **相互**(상호)

13 **眼** 눈 **안**

획수: **11** 부수: **目**   >>> 형성문자

目 +艮(간) (→ 艮의 전음이 음을 나타냄)

眼鏡(안경) / **眼球**(안구) / **眼目**(안목) / **眼下無人**(안하무인) /
肉眼(육안) / **血眼**(혈안)

14 眞 참 진

획수: **10** 부수: **目**

>>> 상형문자

사람이 눈을 부라리고 화를 내는 모양

眞價(진가) / 眞理(진리) / 眞僞(진위) / 眞意(진의) / 純眞(순진) /
天眞無垢(천진무구)

15 着 붙을 착

획수: **12** 부수: **目**

>>> 형성문자

본자는 著. 者(자)의 전음이 음을 나타냄

着工(착공) / 着陸(착륙) / 着想(착상) / 着手(착수) / 附着(부착) / 執着(집착)

而 말이을 이

수염을 표현한 글자이다.

3, 4급

1 耐 견딜 내
획수: **9** 부수: **而**　　　　　　　　　　　　　　　　>>> 회의문자
而 + 寸

耐久(내구) / **耐性**(내성) / **耐乏**(내핍) / **堪耐**(감내) / **忍耐**(인내)

2 而 말이을 이
획수: **6** 부수: **而**　　　　　　　　　　　　　　　　>>> 상형문자

哀而不悲(애이불비) / **而立**(이립)

112 耳 귀 이

귀를 표현한 글자이다.
耳자 부수에 속하는 한자는 대개 듣는 활동과 관련되어 이뤄진 뜻을
지닌다.

2급

1 聘 부를 **빙**

획수: **13** 부수: **耳**　　　　　　　　　　　>>> 형성문자

耳 + 甹(빙)

聘母(빙모) 아내의 어머니. 장모
招聘(초빙) 禮(예)를 갖추어서 남을 모셔 들임

2 耶 어조사 **야**

획수: **9** 부수: **耳**　　　　　　　　　　　>>> 회의문자

耳 + ß

'邪' 의 俗字(속자)로 지명을 나타냄. 가차하여 의문, 반어의 어조사로 쓰인다

有耶無耶(유야무야) ❶ 있는 듯 없는 듯함
　　　　　　　　　　 ❷ 흐지부지한 모양

3, 4급

3 聯 잇닿을 **련**

획수: **17** 부수: **耳**　　　　　　　　　　　>>> 형성문자

耳 + 絲(관) (→ 絲의 전음이 음을 나타냄)

聯立(연립) / **聯邦**(연방) / **聯想**(연상) / **聯合**(연합) / **關聯**(관련)

4 聖 성인 **성**

획수: **13** 부수: **耳** >>> 형성문자

耳 + 呈(정) (→ 呈의 전음이 음을 나타냄)

聖域(성역) / 聖人(성인) / 聖賢(성현) / 神聖(신성)

5 聲 소리 **성**

획수: **17** 부수: **耳** >>> 형성문자

耳 + 殸(성)

聲明(성명) / 聖樂(성악) / 聲援(성원) / 名聲(명성)

6 職 직분 **직**

획수: **18** 부수: **耳** >>> 형성문자

耳 + 戠(직)

職務(직무) / 職業(직업) / 職責(직책) / 官職(관직) / 求職(구직)

7 聽 들을 **청**

획수: **22** 부수: **耳** >>> 회의문자

耳 + 悳

聽覺(청각) / 聽衆(청중) / 聽取(청취) / 傾聽(경청) / 盜聽(도청)

8 聰 귀밝을 **총**

획수: **17** 부수: **耳** >>> 형성문자

耳 + 悤(총)

聰氣(총기) / 聰明(총명)

국어 실력으로 이어지는 수(秀) 한자: 2급 상

113

臣 신하 **신**

단단히 벌려 뜬 눈의 상형으로, 똑똑한 신하의 뜻을 나타냄.

3, 4급

1

臨 임할 **림**

획수: **17** 부수: 臣 　　　　　　　>>> 형성문자
品(품)의 전음이 음을 나타냄

臨機應變(임기응변) / 臨迫(임박) / 臨時(임시) / 臨戰無退(임전무퇴) /
臨終(임종) / 君臨(군림)

2

臣 신하 **신**

획수: **6** 부수: 臣 　　　　　　　>>> 상형문자

臣下(신하) / 奸臣(간신) / 使臣(사신) / 忠臣(충신)

3

臥 누울 **와**

획수: **8** 부수: 臣 　　　　　　　>>> 회의문자
人 + 臣

'臣(신)' 은 아래쪽으로 향하는 눈. 사람이 눈을 아래쪽으로 돌리고 쉼을 뜻함

臥病(와병) / 臥像(와상) / 臥薪嘗膽(와신상담)

313

114 自 스스로 자

코를 표현한 글자이다.

2급

1 **臭** 냄새 취

획수: **10** 부수: **自** >>> 회의문자

自[코] + 犬[개] (→ 개가 코로 냄새를 맡는다는 의미)

體臭(체취) ❶ 몸에서 나는 냄새
❷ 그 사람의 독특한 기분이나 버릇

117

鼻 코 비

코와 두 손으로 무언가 주는 모습을 표현한 글자이다.

3, 4급

1

鼻 코 비

획수: **14** 부수: **鼻**

自 + 畀(비)

>>> 형성문자

鼻笑(비소) / **鼻音**(비음)

마음 **심**

 심방변

심장을 표현한 글자이다. 心자가 글자에 덧붙여질 때는 忄의 형태로 변화되어 쓰이기도 한다. 心과 합쳐지는 한자는 사람의 성품이나 성질 또는 심리적 활동과 관련된 뜻을 지닌다.

118

2급

1

懇 간절할 **간**

획수: **17** 부수: **心**　　　　　　　　　　　　　　>>> 형성문자

心 + 狠(간)

懇曲(간곡) 간절하고 곡진함
懇談會(간담회) 일정한 주제 아래 서로 터놓고 이야기를 나누는 모임
懇切(간절) 간곡하고 정성스러움
懇請(간청) 간곡히 부탁함

2

憾 한할 **감**

획수: **16** 부수: **心**　　　　　　　　　　　　　　>>> 형성문자

忄 + 感(감)

憾情(감정) 불평, 불만을 품거나 언짢게 여기는 마음
遺憾(유감) ❶ 마음에 남아 있는 섭섭한 느낌
　　　　　　 ❷ 언짢은 마음

3

慨 슬퍼할 **개**

획수: **14** 부수: **心**　　　　　　　　　　　　　　>>> 형성문자

忄 + 旣(기) (→ 旣의 전음이 음을 나타냄)

국어 실력으로 이어지는 수(秀) 한자: 2급 상

慨歎(개탄) 분개하여 탄식함
憤慨(분개) 매우 분하게 여김

4 **憩** 쉴 게
획수: **16** 부수: **心**　　　　　　　　　　　　　　>>> 형성문자
息 + 舌 [=昏(괄)] (→ 舌의 전음이 음을 나타냄)

休憩(휴게) 잠깐 쉼

5 **恐** 두려울 공
획수: **10** 부수: **心**　　　　　　　　　　　　　　>>> 형성문자
心 + 巩(공)

恐喝(공갈) 무섭게 으르고 위협함
恐怖(공포) 두려움과 무서움
恐慌(공황) ❶ 놀랍고 두려워 어찌할 바를 모름
　　　　　　❷ 모든 경제 활동이 혼란에 빠지는 상태
可恐(가공) 두려워할 만함
惶恐(황공) 지위나 위엄 등에 눌려 몹시 두려움

6 **怪** 괴이할 괴
획수: **8** 부수: **心**　　　　　　　　　　　　　　>>> 형성문자
忄 + 圣(괴)

怪奇(괴기) 괴상하고 기이함
怪力(괴력) 괴이할 만큼 큰 힘
怪異(괴이) 이상야릇함
妖怪(요괴) 요사스런 귀신. 도깨비

7 **愧** 부끄러워할 괴
획수: **13** 부수: **心**　　　　　　　　　　　　　　>>> 형성문자

忄 + 鬼(귀) (→ 鬼의 전음이 음을 나타냄)

自愧(자괴) 스스로 부끄러워함
慙愧(참괴) 부끄럽게 여김

8 **懼** 두려워할 **구**
획수: **21** 부수: **心**   >>> 형성문자
忄 + 瞿(구)

悚懼(송구) 마음에 두렵고 미안함
疑懼(의구) 의심하고 두려워함

9 **忌** 꺼릴 **기**
획수: **7** 부수: **心**   >>> 형성문자
心 + 己(기)

忌日(기일) 사람의 죽은 날. 제삿날
忌憚(기탄) 꺼림. 어려워함
忌避(기피) 꺼리어 피함
禁忌(금기) 금하고 꺼림
猜忌(시기) 샘하여 미워함

10 **惱** 괴로워할 **뇌**
획수: **12** 부수: **心**   >>> 형성문자
忄 + 𱵘(뇌)

惱殺(뇌쇄) 애가 타도록 몹시 괴롭힘. 특히 여자가 아름다움으로 남자를 매
    혹하는 일
苦惱(고뇌) 괴로워하고 번뇌함
煩惱(번뇌) 마음으로 몹시 괴로워함, 또는 그 괴로움

국어 실력으로 이어지는 수(秀) 한자: 2급 상

11 悼 슬퍼할 **도**

획수: **11** 부수: **心**   >>> 형성문자

忄 + 卓(탁) (→ 卓의 전음이 음을 나타냄)

哀悼(애도) 남의 죽음을 슬퍼함
追悼(추도) 죽은 사람을 그리워하며 슬퍼함

12 憐 불쌍히여길 **련**

획수: **15** 부수: **心**   >>> 형성문자

忄 + 粦(린) (→ 粦의 전음이 음을 나타냄)

憐憫(연민) 불쌍하고 딱하게 여김
可憐(가련) 신세가 딱하고 가엾음
愛憐(애련) 어리거나 약한 사람을 도탑게 사랑함

13 慢 게으를 **만**

획수: **14** 부수: **心**   >>> 형성문자

忄 + 曼(만)

慢性(만성) 오래 계속되는 성질
自慢(자만) 남 앞에서 자기를 뽐내고 자랑함
怠慢(태만) 게으름

14 悶 번민할 **민**

획수: **12** 부수: **心**   >>> 형성문자

心 + 門(문) (→ 門의 전음이 음을 나타냄)

苦悶(고민) 괴로워하고 속을 태움
煩悶(번민) 마음이 번거롭고 답답하여 괴로워함

15 憫 불쌍히여길 **민**

획수: **15** 부수: **心**　　　　　　　　　　　　　>>> 형성문자

忄 + 閔(민)

憫惘(민망) 보기에 답답하고 딱하여 걱정스럽거나 안쓰러움
憐憫(연민) 불쌍하고 딱하게 여김

16 憤 분할 **분**

획수: **15** 부수: **心**　　　　　　　　　　　　　>>> 형성문자

忄 + 賁(분)

憤慨(분개) 매우 분하게 여김
憤怒(분노) 분하여 몹시 성냄
憤痛(분통) 몹시 분하여 마음이 아픔
憤敗(분패) 분하게 짐
悲憤(비분) 슬프고 분함
義憤(의분) 正義(정의)를 위해 일어나는 분노

17 愼 삼갈 **신**

획수: **13** 부수: **心**　　　　　　　　　　　　　>>> 형성문자

忄 + 眞(진) (→ 眞의 전음이 음을 나타냄)

愼獨(신독) 홀로 있을 때에도 도리에 어긋나지 않도록 삼감
愼重(신중) 매우 조심스러움
謹愼(근신) 삼가고 조심함

18 惹 이끌 **야**

획수: **13** 부수: **心**　　　　　　　　　　　　　>>> 형성문자

心 + 若(약) (→ 若의 전음이 음을 나타냄)

惹起(야기) 일이나 사건 등을 끌어 일으킴

惹端(야단) **❶** 떠들썩하게 일을 벌임

❷ 큰 소리로 마구 꾸짖음

19

慰 위로할 위

획수: **15** 부수: **心**

>>> 형성문자

心 + 尉(위)

慰勞(위로) 괴로움을 풀도록 따뜻하게 대하여 줌
慰問(위문) 불행하거나 수고하는 사람들을 위로차 방문함
慰安(위안) 위로하여 안심시킴

20

愈 더할 유

획수: **13** 부수: **心**

>>> 형성문자

心 + 兪(유)

愈愈(유유) 자꾸 더해지는 모양

21

惟 생각할 유

획수: **11** 부수: **心**

>>> 형성문자

忄 + 隹(추) (→ 隹의 전음이 음을 나타냄)

惟獨(유독) 오직 홀로
思惟(사유) 논리적으로 생각함

22

怡 기쁠 이

획수: **8** 부수: **心**

>>> 형성문자

忄 + 台(이)

怡顔(이안) 기쁜 안색을 함
怡悅(이열) 기뻐서 좋아함

23 恣 방자할 **자**

획수: **10** 부수: **心**　　　　　　　　　　　　　>>> 형성문자

心 + 次(차) (→ 次의 전음이 음을 나타냄)

恣意(자의) 방자한 마음
放恣(방자) 제멋대로 굶

24 憎 미워할 **증**

획수: **15** 부수: **心**　　　　　　　　　　　　　>>> 형성문자

忄 + 曾(증)

憎惡(증오) 몹시 미워함
可憎(가증) 괘씸하고 얄미움
愛憎(애증) 사랑함과 미워함

25 懲 징계할 **징**

획수: **19** 부수: **心**　　　　　　　　　　　　　>>> 형성문자

心 + 徵(징)

懲戒(징계) 허물이나 잘못을 뉘우치도록 나무라고 제재를 가함
懲罰(징벌) 앞날을 경계하는 뜻으로 벌을 줌, 또는 그 벌
懲惡(징악) 옳지 못한 일을 징계함
懲役(징역) 일정 기간 교도소에 구치하여 노역을 치르게 하는 형벌

26 慙 부끄러울 **참**

획수: **15** 부수: **心**　　　　　　　　　　　　　>>> 형성문자

心 + 斬(참)
慚자와 同字

慙悔(참회) 부끄럽게 여겨 뉘우침

국어 실력으로 이어지는 수(秀) 한자: 2급 상

27 **慘** 참혹할 **참**

획수: **14** 부수: **心**　　　　　　　>>> 형성문자

忄 + 參(참)

慘事(참사) 참혹하거나 비참한 일
慘敗(참패) 참혹한 실패나 패배
慘酷(참혹) 몸서리칠 정도로 보기에 끔찍함
無慘(무참) 더없이 참혹함
悲慘(비참) 슬프고 참혹함

28 **悽** 슬퍼할 **처**

획수: **11** 부수: **心**　　　　　　　>>> 형성문자

忄 + 妻(처)

悽絶(처절) 더없이 애처로움
悽慘(처참) 끔찍스럽게 참혹함

29 **惻** 슬퍼할 **측**

획수: **12** 부수: **心**　　　　　　　>>> 형성문자

忄 + 則(즉) (→ 則의 전음이 음을 나타냄)

惻隱(측은) 가엾고 애처로움
惻隱之心(측은지심) 四端(사단)의 하나로, 불쌍히 여기는 마음

30 **怠** 게으를 **태**

획수: **9** 부수: **心**　　　　　　　>>> 형성문자

心 + 台(태)

怠慢(태만) 게으름. 느림
怠業(태업) ❶ 일을 게을리함
　　　　　　❷ 노동 쟁의의 하나
倦怠(권태) 게으름이나 싫증
懶怠(나태) 게으르고 느림

323

31 怖 두려워할 **포**

획수: **8** 부수: **心**   >>> 형성문자

↑ + 布(포)

恐怖(공포) 무서움과 두려움

32 懸 매달 **현**

획수: **20** 부수: **心**   >>> 형성문자

心 + 縣(현)

懸賞(현상) 어떤 目的(목적)을 위하여 상을 걺
懸案(현안) 이전부터 의논하여 오면서도 아직 결정하지 못한 안건
懸板(현판) 글이나 그림을 새겨 문 위에 다는 널조각

33 慧 지혜 **혜**

획수: **15** 부수: **心**   >>> 형성문자

心 + 彗(혜)

慧眼(혜안) ❶ 날카로운 눈
              ❷ 진리를 통찰하는 총명한 눈
智慧(지혜) 슬기

34 惑 미혹할 **혹**

획수: **12** 부수: **心**   >>> 형성문자

心 + 或(혹)

惑世誣民(혹세무민) 세상을 어지럽게 하고 사람들을 속임
迷惑(미혹) 마음이 흐려 무엇에 홀림
疑惑(의혹) 의심하여 수상히 여김
誘惑(유혹) ❶ 남을 꾀어 정신을 어지럽게 함
              ❷ 그릇된 길로 꾐

35 忽 분득 홀

획수: **8** 부수: **心**   >>> 형성문자

心 + 勿(물) (→ 勿의 전음이 음을 나타냄)

忽待(홀대) 소홀히 대접함
忽然(홀연) 문득. 갑자기
疎忽(소홀) 허술히 여기거나 대수롭지 않게 봄

36 懷 품을 회

획수: **19** 부수: **心**   >>> 형성문자

忄 + 襄(회)

懷古(회고) 옛일을 돌이켜 생각함
懷柔(회유) 어루만져 잘 달램. 잘 구슬려 따르게 함
懷疑(회의) 의심을 품음
感懷(감회) 마음에 느끼어 일어나는 생각
述懷(술회) 마음먹은 여러 가지 생각을 말함
虛心坦懷(허심탄회) 솔직한 태도로 품은 생각을 털어놓음

3, 4급

37 慶 경사 경

획수: **15** 부수: **心**   >>> 회의문자

严[鹿(사슴)의 생략형] + 心 + 夂[다리]
옛날에는 吉事(길사)의 예물로 사슴(鹿)의 가죽을 보냈음

慶事(경사) / **慶祝**(경축)

38 恭 공손할 공

획수: **10** 부수: **心**   >>> 형성문자

心 + 共(공)

恭敬(공경) / **恭遜**(공손) / **不恭**(불공)

39 慣 익숙할 **관**

획수: **14** 부수: **心** >>> 형성문자

忄 + 貫(관)

慣例(관례) / **慣性**(관성) / **慣習**(관습) / **慣行**(관행) / **習慣**(습관)

40 念 생각 **념**

획수: **8** 부수: **心** >>> 형성문자

心 + 今(금) (→ 今의 전음이 음을 나타냄)

念慮(염려) / **念佛**(염불) / **念願**(염원) / **信念**(신념) / **執念**(집념)

41 怒 성낼 **노**

획수: **9** 부수: **心** >>> 형성문자

心 + 奴(노)

怒氣衝天(노기충천) / **怒發大發**(노발대발) / **激怒**(격노) / **憤怒**(분노) / **天人共怒**(천인공노)

42 慮 생각할 **려**

획수: **15** 부수: **心** >>> 형성문자

心 + 虍(로) (→ 虍의 전음이 음을 나타냄)
'虍'는 '빙돌리다'의 뜻. 마음을 돌리다, 깊이 생각하다의 뜻

考慮(고려) / **配慮**(배려) / **思慮**(사려) / **心慮**(심려) / **念慮**(염려)

43 戀 사모할 **련**

획수: **23** 부수: **心** >>> 형성문자

心 + 䜌(련)

戀歌(연가) / **戀愛**(연애) / **戀人**(연인) / **失戀**(실연)

44 忙 바쁠 망

획수: **6** 부수: **心**

忄 + 亡(망)

>>> 형성문자

忙中閑 (망중한) / 慌忙(황망)

45 忘 잊을 망

획수: **7** 부수: **心**

心 + 亡(망)

>>> 형성문자

忘却(망각) / 健忘症(건망증) / 備忘錄(비망록)

46 慕 사모할 모

획수: **15** 부수: **心**

心 + 莫(모)

>>> 형성문자

思慕(사모) / 戀慕(연모) / 追慕(추모)

47 悲 슬플 비

획수: **12** 부수: **心**

心 + 非(비)

>>> 형성문자

悲哀(비애) / 悲慘(비참) / 悲歎(비탄) / 悲痛(비통) / 慈悲(자비) / 喜悲(희비)

48 思 생각할 사

획수: **9** 부수: **心**

心 + 囟(뇌) (→ 머리로 생각함의 뜻)

>>> 회의문자

思考(사고) / 思慮(사려) / 思料(사료) / 思索(사색) / 思春期(사춘기) /
意思(의사)

49 想 생각할 **상**

획수: **13** 부수: **心** >>> 형성문자

心 + 相(상)

想起(상기) / **想念**(상념) / **想像**(상상) / **空想**(공상) / **回想**(회상)

50 恕 용서할 **서**

획수: **10** 부수: **心** >>> 회의문자

心 + 如

'如(여)'는 본디 '女(여)'로 부드러운 여자의 뜻

부드러운 마음, 용서하다의 의미

容恕(용서) / **忠恕**(충서)

51 惜 아낄 **석**

획수: **11** 부수: **心** >>> 형성문자

忄 + 昔(석)

惜別(석별) / **惜敗**(석패) / **哀惜**(애석)

52 愁 근심 **수**

획수: **13** 부수: **心** >>> 형성문자

心 + 秋(추) (→ 秋의 전음이 음을 나타냄)

愁心(수심) / **憂愁**(우수) / **鄕愁**(향수)

53 息 숨쉴 **식**

획수: **10** 부수: **心** >>> 회의문자

自(코) + 心

가슴속의 숨이 코로 드나든다는 의미

棲息(서식) / **安息**(안식) / **窒息**(질식) / **歎息**(탄식) / **休息**(휴식)

국어 실력으로 이어지는 수(秀) 한자: 2급 상

54 惡 나쁠 **악**[1] / 미워할 **오**[2]

획수: **12** 부수: **心** >>> 형성문자

心 + 亞(아) (→ 亞의 전음이 음을 나타냄)

惡談(악담) / **惡夢**(악몽) / **惡習**(악습) / **惡戰苦鬪**(악전고투) /
惡評(악평) / **憎惡**(증오)

55 憶 생각할 **억**

획수: **16** 부수: **心** >>> 형성문자

忄 + 意(의) (→ 意의 전음이 음을 나타냄)

記憶(기억) / **追憶**(추억)

56 悅 기쁠 **열**

획수: **10** 부수: **心** >>> 형성문자

忄 + 兌(태/열)

喜悅(희열)

57 悟 깨달을 **오**

획수: **10** 부수: **心** >>> 형성문자

忄 + 吾(오)

悟性(오성) / **覺悟**(각오) / **頓悟**(돈오)

58 慾 욕심 **욕**

획수: **15** 부수: **心** >>> 형성문자

心 + 欲(욕)

慾心(욕심) / **過慾**(과욕) / **物慾**(물욕) / **貪慾**(탐욕)

59

憂 근심 우

획수: **15** 부수: **心**   >>> 형성문자

夊 + 惪(우)

憂慮(우려) / 憂愁(우수) / 憂鬱(우울) / 憂患(우환)

60

愚 어리석을 우

획수: **13** 부수: **心**   >>> 형성문자

心 + 禺(우)

愚公移山(우공이산) / 愚鈍(우둔) / 愚昧(우매) / 愚問賢答(우문현답) /
愚民(우민)

61

怨 원망할 원

획수: **9** 부수: **心**   >>> 형성문자

心 + 夗(원)

怨望(원망) / 怨聲(원성) / 怨恨(원한) / 宿怨(숙원)

62

悠 멀 유

획수: **11** 부수: **心**   >>> 형성문자

心 + 攸(유)

悠久(유구) / 悠悠自適(유유자적)

63

恩 은혜 은

획수: **10** 부수: **心**   >>> 형성문자

心 + 因(인) (→ 因의 전음이 음을 나타냄)

恩師(은사) / 恩寵(은총) / 恩惠(은혜) / 報恩(보은)

64 應 응할 응
획수: **17** 부수: **心**　　　　　　　　　　　>>> 형성문자
心 + 雁(옹) (→ 雁의 전음이 음을 나타냄)

應急(응급) / **應答**(응답) / **應試**(응시) / **應用**(응용) / **反應**(반응) / **適應**(적응)

65 忍 참을 인
획수: **7** 부수: **心**　　　　　　　　　　　>>> 형성문자
心 + 刃(인)

忍苦(인고) / **忍耐**(인내) / **不忍**(불인)

66 慈 사랑 자
획수: **14** 부수: **心**　　　　　　　　　　　>>> 형성문자
心 + 玆(자)

慈悲(자비) / **慈善**(자선) / **仁慈**(인자)

67 情 뜻 정
획수: **11** 부수: **心**　　　　　　　　　　　>>> 형성문자
忄 + 靑(청) (→ 靑의 전음이 음을 나타냄)

情報(정보) / **情緖**(정서) / **情勢**(정세) / **情熱**(정열) / **多情**(다정) / **表情**(표정)

68 志 뜻 지
획수: **7** 부수: **心**　　　　　　　　　　　>>> 회의문자
心 + 士[=之 갈 지] (→ 마음이 향하여 가는 곳의 뜻)

志願(지원) / **志學**(지학) / **志向**(지향) / **同志**(동지) / **意志**(의지)

69 **忠** 충성 **충**

획수: **8** 부수: **心**　　　　　　　　　　　　　>>> 형성문자

心 + 中(중) (→ 中의 전음이 음을 나타냄)

忠告(충고) / **忠誠**(충성) / **忠臣**(충신) / **忠實**(충실) / **忠言逆耳**(충언역이) /
忠孝(충효)

70 **恥** 부끄러울 **치**

획수: **10** 부수: **心**　　　　　　　　　　　　　>>> 형성문자

心 + 耳(이) (→ 耳의 전음이 음을 나타냄)

恥辱(치욕) / **羞恥**(수치) / **廉恥**(염치)

71 **快** 쾌할 **쾌**

획수: **7** 부수: **心**　　　　　　　　　　　　　>>> 형성문자

忄 + 夬(쾌)

快感(쾌감) / **快擧**(쾌거) / **快刀亂麻**(쾌도난마) / **快調**(쾌조) / **快差**(쾌차) /
快晴(쾌청) / **快活**(쾌활) / **明快**(명쾌) / **痛快**(통쾌)

72 **態** 모양 **태**

획수: **14** 부수: **心**　　　　　　　　　　　　　>>> 회의문자

能 + 心
'能(능)'은 잘할 수 있는 능력의 뜻
어떤 일을 할 수 있다는 뜻에서 '모습', '모양'의 의미

態度(태도) / **態勢**(태세) / **事態**(사태) / **世態**(세태) / **姿態**(자태)

73 **必** 반드시 **필**

획수: **5** 부수: **心**　　　　　　　　　　　　　>>> 회의문자

八 + 弋

국어 실력으로 이어지는 수(秀) 한자: 2급 상

八[나눔]과 弋[말뚝]의 합자

'心'과는 관계가 없는 글자이나 편의상 心部(심부)에 편입시킴

必讀(필독) / **必須**(필수) / **必勝**(필승) / **必然**(필연) / **必要**(필요) / **事必歸正**(사필귀정)

74 **恨** 한할 **한**

획수: **9** 부수: **心**   >>> 형성문자

↑ + 艮(간) (→ 艮의 전음이 음을 나타냄)

恨歎(한탄) / **餘恨**(여한) / **怨恨**(원한) / **痛恨**(통한) / **悔恨**(회한)

75 **恒** 항상 **항**

획수: **9** 부수: **心**   >>> 형성문자

↑ + 亘(긍) (→ 亘의 전음이 음을 나타냄)

恒久(항구) / **恒常**(항상) / **恒時**(항시) / **恒心**(항심)

76 **憲** 법 **헌**

획수: **16** 부수: **心**   >>> 회의문자

心 + 目[눈] + 害[해악]

마음이나 눈의 명백한 동작으로 해악을 제거함. 후에 법의 뜻이 됨

憲法(헌법) / **憲章**(헌장) / **改憲**(개헌) / **立憲**(입헌) / **違憲**(위헌)

77 **惠** 은혜 **혜**

획수: **12** 부수: **心**   >>> 회의문자

心 + 叀(전)

'叀'은 실감개의 상형으로 남에게 한결같은 마음을 베풀다의 뜻

惠澤(혜택) / **受惠**(수혜) / **恩惠**(은혜)

78　**患** 근심 **환**

획수: **11** 부수: **心**　　　　　　　　　　　　　>>> 형성문자

心 + 串(관)　(→ 串의 전음이 음을 나타냄)

患難(환난) / **患者**(환자) / **宿患**(숙환) / **憂患**(우환) / **疾患**(질환)

79　**悔** 뉘우칠 **회**

획수: **10** 부수: **心**　　　　　　　　　　　　　>>> 형성문자

忄 + 每(매)　(→ 每의 전음이 음을 나타냄)

悔改(회개) / **懺悔**(참회) / **後悔**(후회)